김종희처럼

대한민국을 바꾼 경제거인 시리즈 ❼

김종희처럼
대한민국을 바꾼 경제거인 시리즈 ❼

초판 1쇄 발행	2013년 8월 16일
저 자	고수정
감 수	오재덕
발 행 인	김영희
발 행 처	(주)FKI미디어 www.fkimedia.co.kr
기획·마케팅	신현숙, 권두리
디 자 인	이보림, 한동귀, 문강건, 이현주, 이소영
편 집	변호이, 민서영, 박지혜
등 록	13-860호
주 소	150-742 서울 영등포구 여의도동 27-2
전 화	출판콘텐츠팀: 02-3771-0286 / 영업팀: 02-3771-0245
팩 스	02-3771-0138
E-mail	anyhow4152@fkimedia.co.kr
ISBN	978-89-6374-053-9 04320
정 가	12,500원

| 낙장 및 파본 도서는 바꿔 드립니다.
| 이 책 내용의 전부 또는 일부를 재사용하려면 반드시 FKI미디어의 동의를 받아야 합니다.

이 도서의 국립중앙도서관 출판시도서목록(CIP)은 e-CIP홈페이지(http://www.nl.go.kr/ecip)와 국가자료공동목록시스템(http://www.nl.go.kr/kolisnet)에서 이용하실 수 있습니다.(CIP제어번호: CIP2013013625)

대한민국을 바꾼 경제거인 시리즈 ❼

김종희처럼

국가 기간산업 개척에 평생을 바친 **프런티어**

고수정 지음
오재덕 감수

감수의 글

오늘날 우리나라가 세계에서도 손꼽히는 경제대국으로 도약하기까지는 훌륭한 기업인들의 피땀 어린 노력과 희생이 있었습니다. 그분들이야말로 오래전 척박한 조국의 땅에 '희망'이라는 이름의 씨앗을 심고 대한민국의 기적을 이끌었던 장본인입니다.

이렇게 '대한민국을 바꾼 경제거인 시리즈'를 통해 시대를 앞서 간 선각자(남보다 세상의 일을 먼저 깨달은 사람)들의 꿈을 돌아보고, 그들의 치열했던 삶의 이야기를 함께 나눌 수 있어 참으로 기쁩니다.

한국화약그룹(현 한화그룹)의 창업자 현암 김종희 회장님 또한 누구보다 뜨거운 가슴으로 격동의 한 시대를 사셨던 분입니다.

전쟁 직후, 쉽게 큰돈을 벌 수 있는 수많은 유혹 앞에서도 그분은 한눈팔지 않고 오로지 경제 불모지를 재건하는 일에 매진했습니다. 이처럼 한평생 산업용 화약 사업에 헌신할 수 있었던 원동력은 바로 사업보국(事業報國, 사업을 통해 나라에 보답함)에 대한 강한 의지와 신념이었습니다.

한국화약(현 ㈜한화)은 창업 이래로 30년간 기계, 화학, 에너지 등 중후장대(重厚長大, 무겁고 두껍고 길고 크다는 의미로 육중한 대형 장비와 넓은 규모의 공장을 필요로 하는 산업을 이르는 말) 산업을 중심으로 기업을 운영하며 철저히 국가경제에 기여할 수 있는 기간산업(전력·철강·석유 산업 등, 한 나라 산업의 기초가 되는 산업)에 매진했습니다.

'다이너마이트 김'과 '한국의 노벨'이라는 명예로운 칭호에서도 알 수 있듯이, 김종희 회장님의 일생은 매 순간 무(無)에서 유(有)를 창조해나간 불꽃같은 삶이었습니다.

언제나 개인보다는 기업을, 기업보다는 국가를 생각한 투철한 공인의 삶이었습니다.

김종희 회장님은 사업가로서의 경륜도 탁월했지만, 자연인으로서의 성품 또한 남다른 분이었습니다. 언제나 도타운 사랑과 신의로 사람들을 대했고, 어려운 이웃을 위해서는 아낌없는 나눔과 베풂을 실천하였습니다. 솔선수범하는 모습으로 언제나 주위의 본보기가 되었고 덕(德)으로써 주변을 감화시키던 따뜻한 리더였습니다.

이처럼 훌륭한 인품은 때로 국경을 넘어 해외 정·재계 인사들에게도 영향을 끼쳤습니다. 김종희 회장님은 해외 정·재계 인사들과 인간적으로 돈독한 우정을 나누었고 나라 간 교류가 원활하도록 하는 민간외교관으로서 징검다리 역할을 톡톡히 하며 국익에 기여했습니다.

....

'한 사람의 위대함은 위기의 순간에 더 빛이 난다'라는 말이 있습니다. 김종희 회장님을 더욱 존경하게 된 계기는 1970년대 후반에 발생한 이리(현 익산)역 폭발 사고 때였습니다.

화약을 운반하던 화물열차가 관리인의 부주의로 폭발하는 최악의 위기 상황에서 김종희 회장님은 잘잘못을 가리기 이전에 모든 책임을 떠안는 의연함을 보여주었습니다.

당시로서는 어마어마한 돈인 자신의 전 재산 90억 원을 피해보상액으로 내놓는 결단을 내렸습니다. 이는 그동안 땀 흘려 일군 모든 것을 사회에 환원하고 다시 맨손으로 돌아가겠다는 것과 다름없었습니다.

김종희 회장님의 진정성은 마침내 세상에 전달되었고, 국민들로부터 더욱 신뢰를 얻었습니다. 이를 통해 한화그룹은 짧은 시간 내 절체절명(絕體絕命, 몸도 마음도 다 되었다는 뜻으로, 어찌할 수 없는 절박한 경우를 이르는 말)의 위기를 극복하며 오히려 한 단계 더 도약하는 전화위복(轉禍爲福, 재앙이 바뀌어 오히려 복이 됨)의 계기를 마련할 수 있었습니다.

극한의 위기에서도 김종희 회장님이 이와 같은 용기 있는 결단을 내릴 수 있었던 까닭은, 모든 것을 다 잃어도 사람만 잃지 않는다면 언제든지 다시 시작할 수 있다는 철학이 있었기 때문입니다.

사람을 귀하게 여겼던 김종희 회장님은 인재를 양성하는 것에도 큰 뜻을 품었습니다.

특히 청소년이야말로 국가의 미래를 짊어질 큰 기둥이라는 생각에 명문 사립고인 천안북일학원(현 북일고등학교)을 설립하며 육영 사업에도 각별한 관심을 기울였습니다. 그분은 사회에 나가 나름의 제 역할을 하는 학생들을 보며 자랑스러워했고, 사업을 일구어 이윤을 창출하는 것 이상으로 나라의 미래를 이끌어갈 인재들을 길러내는 것에 많은 보람을 느꼈습니다.

기업과 사회, 국가의 힘은 결국 사회 구성원 한 사람 한 사람의 힘으로부터 나온다는 평범한 진리를 그분은 일생을 통해 실현했습니다.

이처럼 김종희 회장님은 사람 경영과 기업 경영에서 당장 눈앞의 이익을 쫓기보다는 시간이 조금 걸리더라도 한 발 한 발 착실하게 정도(正道, 올바른 길)를 걷고자 노력했던 분입니다. 나무가 아닌 숲을 바라보며 큰 그림을 그렸던 현명한 기업인이었습니다.

....

이제 김종희 회장님의 생애는 밤하늘의 별처럼 대한민국의 산업사에 선명한 발자취를 남기며 빛나고 있습니다. 독자 여러분께서는 《김종희처럼》을 통해 대한민국 경제의 선각자였던 김종희 회장님의 삶을 조금이나마 되새겨보기를 바랍니다. 그리고 자라나는 청소년들에게 이 한 권의 책이 또 다른 내일의 희망을 키우는 한 톨의 씨앗이 될 수 있기를 기대합니다.

마지막으로 우리 청소년들에게 아름답고 빛이 되는 삶의 지혜를 전해주신 고수정 작가님께 깊은 감사를 드립니다.

2013년 8월

감수자 **오재덕**

전 ㈜한화 대표이사 부회장
현 한화회 회장

불꽃같은 삶을 선택한 '꿈의 사람'

한국경제가 짧은 시간 안에 놀라운 속도로 성장할 수 있었던 데는 기업과 사람의 역할이 컸다. 그중에서도 '한화그룹'은 대부분의 사람들이 관심조차 갖지 않았던 화약 산업으로 시작해 국내 굴지의 그룹으로 성장했고, 한화의 창업자 김종희 회장은 짧지만 굵은 삶을 산 진정한 프런티어(개척자)였다.

충청도의 가난하고 형제 많은 집에서 태어난 김종희는 어렸을 적부터 배우는 것을 무척 좋아하는 소년이었다. 학업에 대한 남다른 열정을 가졌던 그는 끊임없이 배우고 익히며 자신을 성장시켰다. 일제 치하에서 청년기를 보낼 때는 조선인으로서 자긍심을 잃지 않으면서 다시 일어설 조국에 대한 희망을 품었다.

김종희는 화약공판에 입사하며 화약과 첫 인연을 맺었다. 이후 그에게는 '변화'라는 단어가 늘 뒤따라 다녔다. 한국의 정세는 급물살을 타듯 시시각각 달라지고 있었고, 그는 화약이야말로 변화하는 시대에 꼭 필요한 산업이라는 사실을 깨달았다. 그리고 그는 한평생 화약 산업에 자신의 모든 것을 바치리라는 다짐을 했다.

'에이, 화약 산업을 누가 하나? 그 위험하고 돈도 안 되는 일을….'

조롱과 비판의 소리가 주위로부터 들려왔지만 그는 개의치 않았다. 우리나라가 경제 발전을 통해 일어서려면 반드시 기간산업으로서 화약이 필요할 것이라는 확신이 있었기 때문이다. 그는 사명감과 소신을 가지고 화약 산업을 밀어붙였다. 그리고 마침내는 외국 기술에만 의존하던 다이너마이트를 국내 기술로 생산하는 데 성공했다.

그렇게 만들어진 한국화약의 산업용 화약은 1950~1960년대 황폐화된 나라를 재건하고, 우리나라 산업의 기틀을 만드는 데 커다란 역할을 했다. 김종희는 화약을 비롯한 다양한 사업을 통해 사업보국의 기업 철학을 실현했다.

김종희는 끊임없이 미래를 대비했던 안목 있는 사업가였다. 남보다 한발 앞서 미래를 내다보았던 그는 빠르게 변화하는 시대에 발맞춰 미래지향적인 사업을 펼쳐나갔다. 이처럼 변화를 탐구하고, 변화에 대응하며, 변화를 기회로 이용했기에 한화그룹은 국내 굴지의 기업이 될 수 있었다.

또한 김종희는 때를 기다릴 줄 아는 뚝심 있는 사업가였다. 시련과 위기 앞에 자신의 신념을 쉽게 굽히지 않았고, 묵직하게 자신의 길을 갔다. 그는 51퍼센트의 열정과 49퍼센트의 절제로 움직였다. 그리고 '정확'과 '정직'을 최고의 가치로 여겼다.

"모든 화약인은 정직해야 한다. 또 정확해야 한다. 약속된 시간과 약속된 장소에서 반드시 폭발하는 화약처럼."

김종희가 세상을 떠난 지 벌써 30년이 훌쩍 지났지만 그가 남긴 말은 아직까지 많은 이들에게 감동을 주고 있다. 그의 말 속에는 화약 산업에 대한 지극한 사랑, 같은 길을 걸어가고 있는 이들을 향한 신뢰와 격려가 담겨 있다.

김종희의 일생은 강렬하게 빛나는 불꽃같은 삶이었다. 《김종희처럼》에는 국민들이 행복하게 잘사는 세상을 꿈꾸며 자신의 열정을 불태웠던 한 경제거인의 역동적인 삶의 이야기가 담겨 있다.
이 책을 통해 고난과 시련 앞에서도 의연한 자세를 가지는 법을 배우고, 진정한 성공의 의미가 무엇인지 생각하는 시간을 가져보기를 소망한다.
자, 그럼 한화그룹의 창업자 김종희의 불꽃같은 삶의 여정을 따라가보자.

2013년 8월
저자 고수정

> 이 책의
> 주요 내용

  감수의 글   **04**
  프롤로그 불꽃같은 삶을 선택한 '꿈의 사람'   **09**

1. 사업보국을 꿈꾼 진정한 프런티어   **15**

드림 1. 우리 기술로 만든 우리 화약
화약고를 지켜라   **17**
전쟁터에서 지킨 화약고   **24**
우리 손으로 만든 화약   **36**
▲ 김종희의 성공법칙 1 : 한 우물을 파라!   **52**

드림 2. '다이너마이트 김'의 역전 드라마
다이너마이트를 만들어라   **55**
진실과 열정 사이에서   **68**
▲ 김종희의 성공법칙 2 : 99퍼센트가 아닌 100퍼센트 정확하게 하라! **85**

드림 3. 나라와 함께 크는 기업
미래를 내다보는 눈   **87**
에너지 부흥국가를 꿈꾸며   **94**
골칫덩이 산업   **104**
▲ 김종희의 성공법칙 3 : 나무를 보지 말고 숲을 봐라!   **115**

2. 뚝심으로 그려간 비전의 지도   117

비전 1. 노력하는 전문가
공부에 목숨 걸다   119
사회생활에서 만난 꿈   130
전문가다운 전문가   136
▲ 김종희의 성공법칙 4 : '장이'가 되자!   149

비전 2. '따뜻한 뚝심'으로 승부하라
내 사람은 내가 책임진다   151
폭발 사고의 현장에서   161
▲ 김종희의 성공법칙 5 : 책임의식, 주인의식을 가져라!   172

비전 3. 삶의 본(本)이 되는 사람
나눔의 본이 되다   175
생활의 본이 되다   187
마음경영의 본이 되다   190
희망의 본이 되다   195
▲ 김종희의 성공법칙 6 : 사람이 곧 재산이다!   213

3. 김종희 할아버지, 질문 있습니다!   215

에필로그 미래를 바꾸는 희망의 지도를 그려라   230
부   록 현암 김종희 회장 연보   232
참고문헌   240

1. 사업보국을 꿈꾼 진정한 프런티어

현암(玄岩) 김종희는 사업을 통해 나라를 일으키고자 했던 꿈을 가진 사람이었다. 그렇게 해야 나라가 부강해지고 힘을 가질 수 있다고 믿었기에 자신의 전문 분야인 화약 산업에 평생을 바치며 사업보국(事業報國)을 이루었다.

시대를 앞서 간 개척 정신으로 '꿈의 사람'이 될 수 있었던 그의 이야기 속으로 들어가보자.

우리 기술로 만든 우리 화약

김종희의 가슴속 불꽃은 전쟁의 난리 속에서도 사그라지지 않았다.
작게 타올랐던 불꽃은 오히려 시간이 갈수록 커지며 점점 빛을 발했다.
김종희는 화약 산업이 언젠가
우리나라에 희망을 밝히는 불꽃이 될 것이라고 굳게 믿었다.

드림 1

화약고를 지켜라

위태로운 화약고

"콰콰쾅!"

별안간 벼락같은 소리가 들려왔다.

"아니, 이게 무슨 일이지?"

갑작스런 소리에 깜짝 놀란 김종희는 건물 밖으로 뛰쳐나왔다. 육중한 비행기 소리가 하늘을 가득 메우고 있었다. 김종희는 슬슬 걱정이 되었다. 가뜩이나 복잡한 나라 사정에 하루하루가 살얼음판을 걷는 듯했기에, 기분 나쁜 전투비행기 소리는 그를 더욱 긴장하게 만들었다.

"지배인님! 지배인님! 지금 북한군이 쳐들어오고 있답니다!"

"뭐? 정말이야?"

"뉴스에서 그러던데요?"

김종희는 북한군이 쳐들어왔다는 얘기에도 처음에는 대수롭지 않게 여겼다. 그런데 '괜찮다'라는 국방장관의 공식 발표에도 불구하고 사람들이

허둥거리는 모습을 보니 예삿일이 아닌 듯싶었다.

'아니, 그럼 전쟁이 났다는 소리인가? 그럼 화약은 어떡하지?'

전쟁이 일어났다는 말에 김종희는 다른 것보다 화약이 가장 먼저 걱정되었다. 그가 '조선화약공판주식회사'의 지배인으로서 화약 창고를 책임지고 있었기 때문이다.

화약공판(조선화약공판주식회사)은 일제 강점기에 일본인들이 세운 회사로 당시 국내에서 유일하게 화약을 공급하던 곳이었다.

1942년 화약공판에 일반 직원으로 입사한 김종희는 우리나라가 일제로부터 해방된 후 지배인의 자리에 올랐다. 일본인들이 모두 자신의 나라로 돌아가자 회사의 업무를 총괄할 사람이 필요했는데, 김종희가 최고 관리자로 정해져 모든 일의 결정을 사실상 도맡게 된 것이었다.

김종희는 우리나라가 해방이 되면 모든 일이 잘 해결될 것이라고 생각했다. 화약공판의 일도 별다른 어려움 없이 잘 풀릴 것이고, 일제 치하에서 고통을 받던 나라의 사정도 조만간 나아질 것이라고 여겼다.

하지만 현실은 그렇지 않았다. 일본이 물러나자 나라가 정치적으로 어지러운 틈을 타 미국과 소련이 끼어든 것이다. 해방된 지 얼마 안 돼 나라에 힘이 없던 탓이었다.

결국 나라는 이념에 따라 반으로 나뉘었다. 하루하루 나라의 상황은 급박하게 돌아갔다.

김종희는 이러한 나라 안팎의 사정에 귀를 쫑긋 세웠다. 그러한 그의 표정에는 언뜻 비장함이 엿보였다. 지배인이라는 막중한 자리를 받아들였을 때, 그는 화약 산업에 자신의 모든 것을 쏟아붓겠다는 다짐을 했던 터였다. 그러기 위해서는 우선 자신에게 주어진 일에 책임을 다해야 했다.

하지만 회사를 운영하던 일본인이 모두 빠지고 김종희를 비롯한 몇몇의 한국인 직원만 남은 회사는 잘 운영되지 않았다. 게다가 김종희가 잠시 자리를 비운 틈을 타 직원 몇 사람이 회사 물건을 빼돌리고 도망치는 일이 벌어졌다.

"이런 일에 흔들려서는 안 됩니다. 우리는 일단 전쟁의 상황을 좀 더 지켜보도록 하죠."

이만저만한 손해가 아니었지만 김종희는 내색하지 않았다. 그는 남아 있는 직원들을 다독이며 일단 상황을 지켜보았다.

다급한 피난길에서

화약이 쌓여 있는 화약공판은 그야말로 일촉즉발(一觸即發, 한 번 건드리기만 해도 폭발할 것처럼 몹시 위급한 상태)의 상황이었다.

화약은 조그마한 열과 충격에도 반응해 폭발을 일으킬 수 있는 위험물이었다. 보관하거나 다룰 때 반드시 세심한 관리가 필요했다. 때문에 전쟁이 났다는 소식에 김종희는 화약이 걱정되어 겁이 덜컥 났던 것이다.

얼마쯤 지났을까. 전쟁 상황을 지켜보고 있던 직원이 다시 사무실로 뛰어들어왔다.

"지배인님, 지금 북한군이 남쪽으로 내려오고 있답니다. 중앙청(일제 강점기 조선총독부 건물 중 하나로 광복 직후에는 미군의 군사 행정 기관으로 사용되었음)은 벌써 텅텅 비었다 하고요! 우리도 어서 피난을 가야 하는 게 아닙니까?"

"피난이라고? 그럼 화약은 어쩌고?"

"아니, 지금 화약고가 문제가 아니라 당장 북한군이 어떤 일을 벌일지 모르는 상황입니다! 지금 밖에 나가보세요. 모두 피난 간다고 야단입니다!"

사무실 밖으로 나와 보니 이미 피난길에 오른 사람들의 행렬이 눈에 띄었다. 이들의 얼굴에는 어떻게든 전쟁에서 살아남겠다는 간절함이 배어 있었다.

1950년, 이념으로 나뉘어 있던 남북이 대치하던 중 북한군이 남쪽으로 밀고 내려오면서 결국 6·25전쟁이 발발했다. 이 전쟁은 연약한 남북의 전쟁이라기보다 남북을 지지하고 있던 미국, 소련 등과 같은 강대국의 전쟁이나 다름없었다.

김종희는 정치 쪽에 몸담고 있던 자신의 형 김종철을 통해 다급히 흘러가는 나라의 사정을 들었다. 상황을 보아 하니 전쟁은 금세 끝날 것 같지 않았다.

"지배인님, 어떻게 할까요?"

"어떡하긴, 난 남아서 화약을 지키겠네!"

"아니, 그래도…."

"지금 화약고에 화약이 산더미처럼 쌓여 있는데, 어떻게 나만 살겠다고

드림 1

피난을 간단 말여?"

다급할 때는 충청도 사투리가 나오는 김종희였다.

물론 한시라도 빨리 가족을 데리고 얼른 남쪽으로 가야 마땅했다. 하지만 그에게는 지켜야 할 화약고가 있었다. 그냥 내팽개치고 간다면 그 위험한 폭발물이 언제 어떻게 될지도 모르고, 다른 사람의 손에 들어가 잘못 이용될지도 모를 일이었다.

화약을 지키겠다는 다짐

김종희는 피난 행렬을 바라보다 문득 마쓰무로 씨가 했던 당부가 떠올랐다.

"자네가 정말 조국을 사랑한다면, 자네만은 남아서 화약계를 지켜주게!"

화약공판의 일본인 기술자였던 마쓰무로 씨는 화약공판의 일본인 직원들이 모두 일본으로 돌아가기 전 김종희를 화약공판의 지배인으로 적극 추천한 사람이었다.

누구보다 열심히 일하던 김종희를 마쓰무로 씨는 무척 챙겼다. 그러던 그가 자신의 나라로 돌아가면서 김종희에게 화약계를 떠나지 말아 달라며 신신당부를 한 것이었다.

"조선이 앞으로 자주적으로 독립을 하려면 산업을 일으켜야 할 것이고, 그러기 위해서는 화약 산업이 반드시 필요할 걸세. 그러니 일본인들이 모두 조선을 떠나 화약공판에서 손을 떼더라도, 자네는 남아서 화약 산업을 이어가라는 말이네. 이건 내 마지막 부탁이야!"

힘을 주며 말을 잇는 마쓰무로 씨의 이야기를 김종희는 말없이 들었다. 그리고 그는 자신에게 내려진 임무에 대해 곰곰이 생각해보았다.

'이 땅에서 화약 산업을 이어가는 것이 나의 사명이란 말인가….'

도대체 화약이 무엇이기에 마쓰무로 씨가 그토록 강조했던 것일까?

불을 만드는 약, 불을 만드는 가루라 불리던 화약은 인류 근대사에서도 손꼽히는 발명품 가운데 하나였다. 또한 인류가 문명을 꽃피우는 데 큰 영향을 끼친 혁신적인 물건이었다. 화약의 발명으로 인해 인류 역사는 이전과는 전혀 다른 미래를 맞이했다.

엄청난 폭발력을 지닌 화약을 이용해 인류는 더욱 강력한 무기를 만들 수 있었다. 화약을 가지고 있느냐 없느냐에 따라 전쟁에서 한 나라의 운명이 갈리기도 했다. 우리나라도 고려 말 최무선 장군이 화약무기를 개발해 왜구로부터 나라를 지킨 역사를 가지고 있다.

마쓰무로 씨가 말한 화약은 이러한 무기용 화약과는 조금 달랐다. 화약공판에서 생산하고 있던 것은 산업용 화약이었다. 무기로 쓰기 위해 만들어진 것이 아닌, 말 그대로 산업에 사용되도록 만들어진 것이었다.

산업용 화약은 광산을 캐내는 광공업이나 토목공사(땅과 하천 등을 개발하는 공사로, 도로를 만들거나 철도를 놓고, 강을 고쳐 닦거나 항구를 만드는 일 등) 등 산업 곳곳에서 사용되었다. 때문에 산업을 발전시켜 나라를 일으키기 위해서는 화약이 반드시 필요했다.

드림 1

일제 강점기 때 일본이 화약 산업을 독점한 탓에 우리나라는 당시 화약 산업에 진출하는 것은 꿈도 꾸지 못했다. 화약공판을 운영하면서도 일본인 기술자들은 화약을 만드는 법을 한국인들에게 알려주지 않았다. 고급 기술을 알려주는 것에 매우 인색했던 탓이다.

우리나라가 해방을 맞이하자 화약공판은 일본인 기술자들이 전부 떠나버려 그동안 쌓아놓은 화약 산업의 기반도 모두 사라질 처지였다.

그나마 이미 생산해놓은 완제품이 있어 그것을 김종희가 지배인 자격으로서 보관하고 있었던 것이다. 그토록 귀중한 화약을 두고 피난길에 오른다는 건 그로서는 상상도 할 수 없는 일이었다.

'그래, 이게 어떻게 얻은 화약인데, 이걸 두고 피난을 가? 안 되지. 이 화약이 앞으로 우리나라가 발전하는 데 큰 도움이 될 텐데…. 그래, 끝까지 화약을 지키자!'

김종희는 화약공판의 사무실에 앉아 포성(대포를 쏠 때 나는 소리)을 들으며 다짐했다.

전쟁터에서 지킨 화약고

화약 기술자로 변신해

전쟁이 일어난 지 얼마나 지났을까. 어느덧 포성은 귓전에서 울릴 정도로 가까이에서 들렸다.

"쾅, 콰콰쾅!"

김종희는 순간 등골이 오싹했다. 들리는 소리가 심상치 않았다. 아무래도 다이너마이트의 폭발음 같았다.

다음 날 신문을 보니 한강인도교(지금의 한강대교, 한강 위로 사람이 다닐 수 있게 최초로 만들어진 다리)와 한강철교가 다이너마이트로 폭파되었다는 기사가 실려 있었다. 철로 만들어진 거대한 다리가 별수 없이 주저앉을 정도로 다이너마이트의 위력은 무시무시했다. 김종희는 더욱 마음이 다급해졌다.

"안되겠네. 홍제동 화약고로 가야겠어."

황급히 사무실로 올라간 그는 신변을 정리하기 시작했다. 그동안 화약공판 일을 하며 관계를 맺었던 사람들의 명함부터 관련 서류까지 모두 없애기 위해서였다.

"지배인님, 서류들은 왜 다 찢으세요?"

"이 사무실에도 언젠가 북한군이 들어와 볼 텐데, 우리 회사가 하는 일이 밝혀지면 곤란해. 우리는 그동안 화약 한 박스를 옮길 때도 전부 경찰관서의 허가를 받지 않았나? 만에 하나 관련 문서가 공산당 손에 들어가서 우리가 화약을 얼마나 가지고 있는지가 알려지면 국가적으로 큰 손해를 입을 수도 있어."

김종희는 서류에 적힌 글자가 안 보이도록 종이를 한 장 한 장 잘게 찢으며 관련 자료들을 모두 없앴다. 그러고 난 뒤, 함께 남아 있던 직원들에게 일렀다.

"이제부터 우리는 화약 기술자야. 알았나? 우리는 지금부터 정체를 숨겨야 해! 나를 지배인이라고 부르면 안 되네. 그랬다간 화약공판이 어떻게 될지 몰라. 알아들었지?"

회사의 책임자가 아닌 화약 기술자로 변신한 김종희는 직원 한 명과 함께 화약고가 있는 홍제동으로 향했다. 며칠 뒤, 예상대로 빨치산(6·25전쟁 전후에 활동했던 공산 유격대) 모자를 쓰고 총을 둘러맨 내무서원(내무서는 북한이 전쟁 당시 사회의 안녕을 유지하기 위해 만든 조직으로, 내무서원은 그 일원)이 들이닥쳤다.

"동무들은 다 뭐하는 사람들이오?"

"화약 기술자입니다. 화약고를 관리하고 폭파 현장에 나가서 화약 사용법을 지도합니다."

김종희는 자신의 정체를 숨긴 채 화약 기술자라고 둘러댔다. 덕분에 내무서원들은 회사에 대해 더 이상 꼬치꼬치 캐묻지 않았다.

대신 그들은 산 밑에 있는 화약고를 보기를 원했다. 곤란한 상황이었다. 그들이 화약고를 본다면 분명 그 화약들을 전쟁에 이용할 것이 뻔했기 때문이다.

"아, 안 됩니다! 화약고에 가까이 가는 건 위험합니다. 아무나 접근할 수 없어요. 자칫 잘못하면 폭발할 수 있으니 근처까지만 가서 보십시오."

김종희는 기지를 발휘해, 화약고는 매우 위험하니 아무나 접근할 수 없다며 겁을 주었다. 그럼에도 의심을 풀지 않은 내무서원들은 막무가내로 화약고 입구까지 갔다.

화약고에 들어선 김종희와 일행은 긴장감에 입이 바짝 말랐다. 급기야 화약 상자를 살펴본 내무서원들이 인상을 잔뜩 찌푸리며 말했다.

"동무, 이거 정말 화약이오? 근데… 이거 혹시 양키놈(미국인을 얕잡아 부르는 말)들 물건 아니오?"

화약 상자에는 외국에서 원조(돈이나 물건을 도움받음)를 통해 들여왔다는 것을 뜻하는 원조물자 표시가 찍혀 있었다. '남한에서는 화약이 생산되지 않기에 어쩔 수 없이 화약을 원조받고 있다'라는 김종희의 설명에도 그들은 쉽게 의심을 풀지 않았다.

"썩 미덥지는 않지만…. 좋소! 내무서의 지시가 있을 때까지 그 화약을 잘 지키도록 하시오."

김종희는 그제야 안도의 한숨을 내쉬었다. 그러나 그 후로도 북한군은

드림 1

끊임없이 사무실을 들락거리며 김종희를 괴롭혔다.

"화약이 어떻게 들어왔냔 말이오! 동무, 정말 양키놈들 앞잡이 아니야?"

의심을 거두지 않는 북한군과 김종희는 한참 실랑이를 벌였다.

김종희는 화약공판에 대해 캐물을 때면 자신은 전혀 모른다며 시치미를 뗐고 시종일관 모르쇠로 답했다. 미리 회사의 중요한 서류들은 모두 없앴기에 다행히 정체가 들통나지 않았다.

김종희가 기지를 발휘해 지혜롭게 위기를 넘기지 않았더라면 북한군의 손에 화약을 빼앗겼을지도 모를 일이었다.

밤길을 밝힌 화약 수송 작전

그러던 가운데 희망적인 소식이 들려왔다. 남쪽으로 밀려났던 우리 군이 유엔군의 인천상륙작전과 함께 총 반격을 시작했다는 소식이었다.

서울에서 사무실을 지키던 김종희는 전국의 각 영업소가 궁금해졌다. 화약을 보관하고 있는 화약고는 서울의 홍제동뿐 아니라 전국적으로 스무 군데가 넘었다.

낙동강보다 아래쪽에 있는 대구나 부산의 열세 군데 화약고는 별 문제가 없겠지만, 이미 북한군 수중에 들어간 전주, 군산 등 여덟 군데 화약고가 무사한지 김종희는 걱정되었다. 더군다나 화약을 만드는 인천 화약 공장이 전쟁 중에 함포 사격으로 쑥대밭이 되었다는 소식까지 들렸다. 그는 가슴이 무너지는 듯했다.

'아… 화약고와 공장이 모두 망가졌으니, 이를 어떻게 복구한다지?'

이러한 걱정도 잠시, 전쟁은 다시 남쪽이 불리해졌고 서울이 또다시 위험한 상황이 되었다. 중공군(중국 공산당의 군대)이 전쟁에 참가하면서 북한을 도운 것이었다. 서울은 무조건 지키겠다던 대통령의 다짐도 결국 수포로 돌아갔고, 서울 시민들에게 피난하라는 명령이 내려졌다.

상황이 이렇게 되자 홍제동에 있는 화약고도 전혀 안전하지 않았다. 김종희는 차라리 그곳에 있는 화약을 안전한 곳으로 옮겨놓는 게 좋겠다는 생각을 했다. 그는 그길로 외자청(외국으로부터 들어온 원조 자금, 수입 물자 등을 관리하던 행정기관)으로 달려가 화약을 옮길 차량을 배차해달라고 요구했다.

"알았습니다. 화약을 지켜야지요. 그런데 현재 내어드릴 수 있는 차량이 없습니다. 문화재를 싣고 간 트럭이 올라오면 바로 배차해드리겠습니다."

1분 1초가 급박했다. 당장 서울은 북한군의 손에 넘어갈 것 같은 상황이었다. 그런데 아무리 기다려도 요청한 차량이 오지 않았다.

"지배인님, 트럭이 오기는 할까요?"

"그러게 말이네. 한강 다리가 끊기는 바람에…. 그래도 일단은 오기를 기다릴 수밖에."

서울 시민들의 피난 행렬은 꼬리에 꼬리를 물었다. 김종희와 직원들은 피난도 못 간 채 뜬눈으로 하룻밤을 꼬박 기다렸다. 그러던 중, 어둑한 밤이 되어서야 저 멀리 트럭이 나타났다.

드림 1

　김종희는 지체하지 않고 바로 직원 다섯 명과 함께 화약을 트럭에 실었다. 화약을 보다 안전한 장소인 영등포역 구내에 있는 창고로 옮기기 위해서였다.

　트럭 한 대에는 화약 100상자를 실을 수 있었다. 김종희는 직원들과 함께 트럭 다섯 대에 화약을 가득 싣고 밤길을 달렸다. 홍제동에서 영등포까지 한 번 왕복하는 데 4~5시간이 걸렸다.

약 이틀 동안 여섯 차례에 걸쳐 옮기기를 반복한 후에야 화약이 모두 안전한 곳으로 옮겨졌다. 김종희는 위험천만한 상황에서 목숨을 걸고 화약고를 가까스로 지켜냈다.

"이제 화약이 북한군 손에 넘어가는 일은 없겠지?"

일을 마치고 나자 김종희는 두 다리가 뻣뻣하여 제대로 일어설 수 없을 정도로 오금이 저렸다. 하지만 마냥 다리를 뻗고 쉴 수도 없는 노릇이었다.

"자, 이제 우리도 피난길에 오릅시다."

이미 서울은 다시 북한군 손에 넘어간 상황이었다. 1951년 1월 4일 새벽, 김종희는 직원 다섯 명과 그들의 가족까지 모두 트럭 두 대에 태우고 쓸쓸히 피난길에 올랐다.

다시 도약을 하고

전쟁 중에도 광산에서는 여전히 광석 캐내는 일을 계속했다. 그로 인해 지방 영업소에 있는 화약은 계속 팔렸다.

하지만 보관하고 있던 화약의 양이 점차 줄고 있었다. 대구와 부산 영업소에 있는 화약을 모두 합해도 40톤이 될까 말까 했다. 이대로 가다가는 가지고 있는 화약이 모두 동날 판이었다.

김종희는 얼마 안 가 화약공판이 문을 닫을지도 모르겠다는 불안감에 휩싸였다. 전쟁 중이라 화약을 수입하는 것도 불가능했다.

그즈음 부산으로 피난을 간 김종희는 부두를 지나다 기막힌 아이디어를 떠올렸다. 매일 미군 병력이 수천 명씩 상륙하는 부두에는 각종 군수 물자가 쌓여 있었다. 부두에 있는 물건들은 관리하는 사람이 없어 그냥 방치되었다.

'맞다! 군수 물자 중에 화약도 있지! 그래, 화약공판이 당장 할 수 있는 일은 군수 물자로 들어오는 군수용 화약을 관리하는 것이다.'

김종희는 그길로 부산 서면에 있는 미8군 병참기지(군사 작전에 필요한 인원과 물자를 관리·보급·지원하는 임무를 담당하는 곳)를 찾았다.

하지만 얼굴도 모르는 미군 사령관을 찾아가 화약 이야기를 꺼내는 일은 쉽지 않았다. 더군다나 전쟁 중이라 기지의 경계가 매우 삼엄했다. 그러나 더 이상 물러설 곳이 없다는 생각이 들자 김종희의 입에서 저절로 서툰 영어가 나왔다.

"헤이, 다이너마이트…. 위 해브 다이너마이트."

"왓?"

기지 정문을 지키던 병사가 김종희의 영어 발음을 알아듣지 못했는지 이상한 눈으로 그를 쳐다보았다. 김종희가 거의 쫓겨날 무렵, 정문을 지나던 지프차 한 대가 그 앞에 멈춰 섰다.

"헬로!"

"어? 캡틴 스미스!"

김종희는 지프차 안에서 반가운 얼굴을 발견했다. 예전에 미군 사령부에서 근무하던 스미스 대위였다. 김종희는 너무도 반가운 마음에 그를 와락

껴안았다. 역시 궁하면 통한다고 했던가? 뜻밖의 곳에서 예전에 화약 거래를 하면서 알게 된 군 책임자를 만나다니, 김종희는 꿈만 같았다.

스미스는 그가 왜 이곳에 왔는지 궁금해했다.

"무슨 일로 찾아온 겁니까?"

"스미스 대위님, 지금 저는 부산 영업소의 화약을 관리하고 있습니다. 군수용 화약 관리 용역(물질적인 재화를 생산하는 것 이외의 노동)을 맡고 싶은데… 어떻게 생각하십니까? 저희 화약공판은 남아 있는 물건이 거의 없는 상태고, 현재 미8군은 화약과 같은 위험한 군수 물자를 따로 관리하지 못하고 있는 상황이니 서로에게 좋은 거래가 아닙니까?"

마침 스미스는 병참기지 사령부 작전참모실(군사 작전 및 전략 관련 업무를 담당하며 지휘관을 보좌하는 부서)에서 근무하고 있었다. 그는 좋은 생각이라면서 엄지손가락을 세워 보였다.

며칠 후 스미스 소령을 통해 미8군과 '군수용 화약 관리 용역 계약'을 맺었다. 자칫하면 화약공판에 남아 있던 화약을 몽땅 소비한 채 회사의 운명이 끝날 수도 있었으나, 군수용 화약 관리라는 새로운 돌파구를 찾으면서 다시 사업을 이을 수 있었다.

그들은 화약 1톤을 기준으로 하역, 이동, 보관 등의 일을 해주고 각 분야별로 액수를 정하되, 모든 돈을 달러로 받는다는 조건으로 계약을 맺었다. 이로써 화약공판은 화약을 관리하는 동시에 달러를 벌어들이는 회사가 되었다.

불꽃을 떠안다

　　　　　　　　　　　새로운 일을 맡으면서 화약공판은 더욱 바빠졌다.

"자자, 서둘러 화약을 옮기자고. 그런데 마냥 서두르기만 해서는 안 돼! 다들 수칙은 잘 알고 있지? 화약을 옮길 때는 뛰지도 말고 크게 소리치지도 마! 알았지?"

김종희는 평상시 직원들에게 화약이 얼마나 위험한지에 대한 설명을 틈틈이 했다. 화약에 대한 공부를 꾸준히 했던 그는 누구보다 화약의 위험성을 잘 알고 있었다. 또 크고 작은 폭발 사건 현장도 보았던 터라 더욱 매사에 조심하려 했다.

"그런데 지배인님, 대구로 화약을 옮겨야 하는데… 아무도 가겠다는 사람이 없습니다."

화약공판은 미8군의 화약 관리와 함께 대구, 부산 등 영업소에 화약을 납품하며 활발한 영업 활동을 이어가고 있었다.

특히나 그 당시 중석(텅스텐이라 불리는 광물)이 많이 수출되면서 광산에서 화약을 많이 필요로 했던지라, 광산이 있는 대구 영업소로 화약을 날마다 실어 날라야 했다.

그런데 부산에서 대구로 가는 국도 곳곳에 공비(특수한 임무를 받고 잠입한 공산당의 부대)가 자주 출몰한다는 이야기가 들려왔다. 수송 차량도 언제 위협을 받을지 몰랐기에 동행하겠다고 나서는 사람이 없었다.

"흠… 그럼 내가 타고 가겠네."

"아니, 그래도 지배인님이 어떻게….

"그럼 누가 하겠나? 지금 최전방에서는 군인들이 목숨을 내놓고 싸우고 있는데, 위험하다고 화약인으로서 마땅히 해야 할 임무를 포기해선 안 되지. 어서 가세."

김종희는 위험도 마다하지 않고 길을 나섰다. 덜컹거리는 트럭 짐판 위에 올라가면서도 그의 머릿속에는 오로지 화약을 안전하게 수송해야 한다는 생각뿐이었다.

그러던 어느 날 가슴 아픈 소식이 들려왔다. 목숨을 내놓고 이틀에 걸쳐 영등포로 옮겨놓은 화약 60톤이 폭격으로 인해 흔적도 없이 사라졌다는 것이다. 귀한 화약을 잃었다는 사실에 김종희는 가슴이 아렸다.

그나마 불행 중 다행인 것은, 화약을 관리하는 용역 사업을 미리 시작해 두었기에 한국 화약계의 맥이 끊어지는 최악의 상황은 면할 수 있었다는 사실이다.

김종희는 어떻게 될지 모를 미래를 위해 미리 준비하는 것이 얼마나 중요한 일인지를 깨달았다. 그리고 그는 결심했다. 앞으로 어떤 일을 하더라도 반드시 앞을 내다보면서 한 발자국 먼저 움직여야 한다고 말이다.

어느 날, 김종희가 직원들을 불렀다.

"이제 화약공판의 다른 영업소도 정상적인 업무가 가능해졌으니 우리가 직접 화약을 들여오는 방법을 연구해봅시다. 언제까지나 미군의 그늘에서 장사할 수는 없잖아요?"

드림 1

"하지만 지배인님, 지금 같은 시대에 위험한 화약만 고집할 게 뭐가 있습니까? 지금 외국에서 무엇을 들여와도 잘 팔릴 텐데요…. 그러지 말고 저희도 돈 되는 걸 수입해서 파는 게 좋지 않겠습니까?"

함께 일하는 이들은 김종희를 말리고 나섰다. 꼭 위험한 화약만 수입할 필요가 없다는 것이다. 오히려 더 큰 이익을 남길 수 있는 물건도 많으니 그것으로 이윤을 얻자는 제안이었다. 하지만 김종희의 신념은 흔들리지 않았다.

"잠깐의 이익 때문에 지금 화약을 포기하고 한눈을 팔 수는 없습니다. 우리라도 화약계를 지키고 있어야 한국 화약계의 명맥(命脈, 어떤 일이 지속되는 데 필요한 최소한의 중요한 부분)이 끊어지지 않을 거 아닙니까?"

그는 그렇게 전쟁 속에서 불꽃을 떠안고 앞으로, 앞으로 나아갔다.

우리 손으로 만든 화약

한국화약주식회사 설립

지리멸렬한 전쟁은 계속되었다. 하지만 김종희의 가슴속 불꽃은 전쟁의 난리 속에서도 사그라지지 않았다. 작게 타올랐던 불꽃은 오히려 시간이 갈수록 커지며 점점 빛을 발했다.

김종희는 화약 산업이 언젠가 우리나라에 희망을 밝히는 불꽃이 될 것이라고 굳게 믿었다. 화약공판 일을 통해 화약 산업의 필요성을 절실하게 느꼈기 때문이었다. 그리고 그는 가슴속으로 '우리 손으로 화약을 만들어 보자'라는 또 다른 꿈을 품었다.

한편, 전쟁이 끝나갈 즈음 정부는 쓰러진 민생(국민들의 생활과 생계)을 일으키기 위한 대책을 세웠다. 그중에서도 폭발적으로 늘어날 화약의 수요(어떤 재화나 용역을 사고자 하는 욕구)에 대비해 화약공판을 민간기업(나라에서 운영하는 것이 아닌 민간인이 소유하여 운영하는 기업)으로 키우는 일을 서둘렀다. 나라의 재산이었던 화약공판을 개인에게 팔아 더 발전시키려는 것이었다.

드림 1

정부는 계획한 대로 화약공판을 민간에 판다는 내용의 공고를 냈다. 그런데, 화약 산업을 하겠다고 나서는 사람이 한 명도 없었다.

그때 화약공판 매각(물건이나 재산 등을 내놓아 팖)에 응한 사람이 있었다. 바로 김종희였다. 그는 화약공판의 최종 관리를 맡고 있는 사람이었을 뿐, 실질적인 주인은 아니었기에 입찰(상품을 사고팔거나 하는 등 계약을 할 때 이를 희망하는 사람들에게 각자의 낙찰 가격을 결정하여 제출하게 하는 일)에 참여할 수 있었다.

물론 본격적으로 회사를 경영하겠다는 일도 결코 쉬운 결정이 아니었다. 한층 더 단단한 결단이 필요했다. 하지만 김종희는 뒤로 물러서지 않았다.

"지배인님, 화약공판 재산 감정 가격이 너무 높습니다. 23억 원이나 된다는데요?"

"뭐? 23억? 휴… 감정원들이 화약고 근처에는 가보지도 않고 가격을 정했구먼. 그럼 우리는 그 가격보다 조금 더 올려서 입찰합시다."

"네? 어차피 입찰하겠다는 사람도 없으니깐 조금만 더 기다리면 가격이 훨씬 낮아질 텐데요…."

"화약계를 위해 우리가 조금 손해 본다고 생각하면 되는 거지. 또 나라를 위한 지원금을 그만큼 낸다고 생각하면 속 편하지 않겠나? 허허. 그나저나 미8군에게서 받은 달러가 있으니 그 돈으로 계약금은 충분하겠지?"

김종희는 배짱 좋게 입찰에 나섰다. 그 결과 화약공판은 그가 제시한 입찰 가격에 팔렸고, 이후 '한국화약주식회사(현 ㈜한화)'가 설립되었다.

김종희는 한국화약주식회사의 사업 방향을 크게 네 가지로 정했다.

첫째, 화약류 및 공업약품의 제조·판매·보관·수출입, 둘째, 기계공구류 및 총포류의 제작·수리·판매·수출입, 셋째, 농산물과 광산물 그리고 기타 공업제품의 생산·가공·수출입, 그리고 그 밖의 관련 사업이었다.

정식으로 회사가 설립된 후 김종희는 더욱 바쁘게 뛰어다녔다. 여기저기 화약을 필요로 하는 사람들이 많아지면서 화약공판에 있는 수량이 점점 부족해지기 시작했다. 미8군의 화약을 관리하는 용역 사업으로 달러를 벌어들이긴 했지만 그것으로도 화약을 수입하기에는 역부족이었다.

"화약을 수입하려면 먼저 달러를 구해야 해. 그러려면 우리가 수출할 수 있는 것을 찾아서 그 돈으로 화약을 수입하자고."

그때 김종희의 눈에 들어온 것이 모자나이트를 캘 수 있는 덕령광산이었다. 모자나이트는 금속성 원소(물질을 구성하는 기본적인 요소)를 포함하고 있는 원광(어떠한 가공 과정을 거치지 않은, 파낸 그대로의 광석)으로 수출 전망이 밝았다.

한국화약은 덕령광산을 사들인 뒤 원광을 캐는 작업에 들어갔다. 그런데 광산 일을 하기에 조건이 너무 나빴다. 원광을 캐내려면 기계 장비가 좋아야 했는데 시설이 매우 낙후되었기 때문이다.

'안되겠군. 일본에서 기기를 들여와야겠어.'

김종희는 일본인이 화약공판을 운영하던 시절, 일본인 기술자들과 매우 돈독한 우정을 쌓았던지라 그들이 본국으로 돌아간 뒤에도 여전히 좋은 관계를 유지했다. 특히 화약공판 취체역(예전 주식회사 이사를 이르던 말)을 맡았던 마쓰무로 씨와는 계속 인연을 이어가고 있었다.

김종희는 덕분에 그를 통해 좋은 기기를 들여올 수 있었다. 또한 일본의 화약회사와 거래를 할 수 있는 기회도 얻었다.

드림 1

"자, 이제 장비도 얻었고 수출할 수 있는 길도 열렸으니 달러를 벌어들이자고. 우리는 앞으로 국토 재건에 필요한 화약을 차질 없이 공급해야 하네!"

김종희는 광산에서 캐낸 모자나이트 40드럼을 일본에 본격적으로 수출했다. 그로 인해 한국화약은 화약을 수입할 달러도 확보하면서 다시 도약할 수 있는 발판을 마련하였다.

대통령의 부탁

김종희가 화약 사업을 벌이기 위해 한창 바쁘게 준비를 하던 어느 날이었다. 장관실로부터 그를 찾는 연락이 왔다.

갑작스러운 국가의 부름에 얼떨떨했던 김종희는 다소 긴장된 모습으로 장관실에 들어섰다. 그곳에는 상공장관으로 취임한 강성태 상관이 있었다.

"반갑습니다, 김 사장님."

"처음 뵙습니다. 김종희라고 합니다."

"허허, 나는 사장이라고 해서 나이가 지긋하신 분인지 알았어요. 그런데 이제 보니 패기 넘치는 청년사업가였군요! 김 사장님은 왜정(일본이 침략하여 다스리던 정치) 때부터 화약계에 종사했다지요? 듣자 하니 지금은 천안에 공장터를 마련하고 있다면서요?"

"네, 저희도 화약을 직접 만들려고 준비하고 있습니다. 수년 전부터 생각해오던 것이었습니다."

"그것참, 훌륭한 생각입니다. 안 그래도 얼마 전 이승만 각하께서 걱정스러운 듯 이야기하셨습니다. 우리나라에도 화약 공장이 있는데 일본인이 만드는 화약을 가져다 쓴다는 것은 아주 부끄러운 일이라고 말입니다. 우리나라에서도 화약을 직접 만들 수 없냐고 물어보시더군요."

김종희는 그제야 자신을 부른 이유를 짐작할 수 있었다.

"우리도 하루빨리 국가경제를 발전시켜야 하는데… 지금 우리나라는 산업의 틀을 짤 수 있는 바탕이 아무것도 없지 않소. 기초적인 터를 다지려면 화약 산업이 필요하지 않습니까? 그러던 차에 김 사장님의 이야기를 듣고 매우 반가웠습니다. 우리나라에도 화약 산업에 관심을 갖고 계신 분이 있었구나 싶어서요."

강성태 장관은 연신 친근하게 다가서며 김종희에게 큰 관심을 보였다. 그러고는 김종희에게 뜻밖의 제안을 했다.

"김 사장님, 인천에 있는 화약 공장을 아시오? 전쟁 때 폐허가 된 곳인데… 그곳의 복구 사업을 맡아보는 것이 어떻겠소? 김 사장님이라면 인천 화약 공장을 복구해서 우리 손으로 화약을 만드는 데 성공하리라 믿습니다!"

한국전쟁이 끝나고 우리나라는 산업 기반이 거의 없는 상태였다. 전쟁의 상처를 딛고 일어서려면 나라의 산업이 일어나야 하는데, 그러려면 국가에서 주도하는 기간산업이 필요했다.

특히 우리나라는 농업, 어업과 같은 1차 산업에서 근대산업으로 발전하고 있었기에 화약 산업은 반드시 필요한 분야였다. 건물을 지을 때는 물론, 도로를 내거나 항구를 만드는 등등 땅과 하천을 개발할 때 화약이 쓰이지 않는 곳이 없었기 때문이다.

"지금 화약 산업을 하겠다는 사람이 없잖습니까. 게다가 우리나라에는 김 사장님만큼 화약에 대해 잘 알고, 또 잘 다룰 수 있는 사람도 없습니다."

김종희는 강 장관의 말에 왠지 모를 뿌듯한 기분과 함께 책임감이 묵직하게 몰려왔다.

"김 사장님, 지금 국가 차원에서 공장을 복구하려고 여러 방법을 모색 중에 있습니다. 김 사장님도 나름대로 복구 계획을 세워주세요. 그 복구 계획이 더 나으면 인천 공장을 김 사장님에게 임대해주고 복구시키도록 하겠소. 그러면 김 사장님이나 우리나라가 원하는 국내 화약 생산도 더 빨라지지 않겠습니까? 내가 약속하리다. 아니, 대통령 각하의 뜻이라 여겨도 좋습니다. 우선 공장을 먼저 복구하십시다."

일본이나 미국에서 수출해오는 화약을 공급하는 일은 멀리 내다볼 때 장래성이 없었다. 화약을 수입해오는 단가도 워낙 비쌌을 뿐더러, 만약 국가 간의 무역에 문제라도 생기면 수출 길이 막혀 사업이 어려워질 수 있었다.

또한 이것은 부끄러운 일이기도 했다. 나라는 독립했는데 산업 기술력은 여전히 외국에 전부 의지한 채 따라가는 건 자존심이 상하는 일이었다. 우리나라가 진정으로 독립을 하려면 경제적으로도 스스로 일어서야 했다.

김종희는 잠시 생각을 하다 인천 화약 공장 복구를 맡아보라는 장관의 제안을 기꺼이 받아들였다.

"좋습니다. 장관님, 힘을 보태보겠습니다."

김종희는 자신에게 찾아온 또 하나의 기회를 놓치지 않고 힘껏 붙잡았다.

폐허가 된 인천 화약

"여기가 어딥니까?"

"초화(유기 화합물에 화학 원료들을 결합시키는 것으로 화약을 만드는 데 있어 가장 기초적인 작업)공실입니다. 지금은 거의 남아 있는 기계가 없어서 못 알아보시겠지만요."

인천 화약 공장은 말 그대로 폐허였다. 김종희는 폭격을 맞기 전 화약을 생산했을 각 공실을 둘러보았다. 그의 입에서 한숨부터 새어나왔다.

'흠… 이러니 원래 공장 복구를 맡기로 한 곳에서도 손을 못 댔지. 그렇다고 내가 물러날 수야 있나? 만약 우리나라에 하나밖에 없는 화약 공장이 멈추면 우리나라 화약계는 끝장인데…. 이 화약 공장은 무슨 일이 있어도 꼭 복구해야 한다.'

공장을 복구하려면 우선 설계도가 필요했다. 김종희는 급히 일본으로 향했다. 인천 화약 공장을 건설한 일본 회사인 '일본유지'에 찾아가면 설계도를 얻을 수 있을까 싶어서였다.

일본유지에는 본국으로 건너간 마쓰무로 씨가 상무로 일하고 있었다. 김종희는 다시 마쓰무로 씨로부터 많은 도움을 받았다. 당시 공장 건설을 맡았다는 후카오 씨가 규슈 공업대학에 있다는 정보를 얻은 것이다. 김종희는 후카오 씨를 찾아 나섰다.

"인천 화약 공장 설계도라… 아마 도쿄대학에 있을 겁니다."

김종희는 다시 정보를 얻고 도쿄대학으로 달렸다. 후카오 씨의 조언대로

드림 1

난바 교수라는 사람을 찾아 나섰으나, 그는 출장 중이어서 만날 수 없었다. 그런데 마침 김종희 앞에 반가운 얼굴이 나타났다.

"자네… 혹시?"

"어? 고이케 경부님이 아니십니까?"

그의 앞에 고이케 씨가 나타난 것이다. 고이케 씨는 예전에 경찰 간부로 한국에 머문 적이 있었다. 또한, 상업학교 학생이었던 김종희가 그의 집에서 한동안 하숙을 했던 인연이 있었다.

다른 일본인 경찰간부처럼 교활하지 않던 고이케 씨는 김종희와 사이가 좋았다. 해방이 되어 본국으로 돌아갈 때는 김종희의 배려로 무사히 돌아갈 수 있었다.

그렇게 일본으로 돌아간 고이케 씨가 도쿄대학의 수위실장으로 근무하고 있었던 것이다.

"음… 자네가 화약 산업을 하게 되었군. 내 일찍이 자네의 사람됨은 잘 알고 있었지. 크게 될 줄 알았어!"

"감사합니다! 그나저나 경부님, 인천 공장 설계도를 좀 알아봐주실 수 있으십니까?"

"그럼, 알아봐줄 수 있지. 내가 자네한테 신세진 것도 얼만데… 우리 학교 교수라니 연락할 수 있을 거야."

김종희는 초조한 마음으로 고이케 씨의 연락을 기다렸다. 다행히 고이케 씨는 교수와 연락을 취했고 덕분에 공장 설계도를 무사히 건네받을 수 있었다.

김종희는 곧장 인천 화약 공장으로 달려갔다. 설계도를 손에 넣었으니 이제 본격적으로 복구 작업을 시작할 수 있었다.

그러나 인천 공장을 복구하는 작업은 결코 만만하지 않았다. 공장 면적은 49만 평 정도 되었고, 공장 건물은 관리사무실, 기숙사, 각종 공실 창고 등을 합해 28개 동이었다. 발전실, 냉동실, 보일러실 등 각 기관실과 다이너마이트 제조 시설, 공업뇌관 및 도화선 제조실 등 대형기계 설비도 100여 점이 넘었다.

"김 사장님, 실제로 현장 조사를 해보니 복구하는 것보다 차라리 새로 짓는 게 나을 것 같습니다."

공장 복구를 위해 만들어진 복구팀 교수의 제안이었다. 그러나 김종희의 생각은 달랐다.

"교수님, 당장의 이익만 생각하면 그게 나을 수도 있습니다. 하지만 나라의 살림도 생각하고 기업의 장래를 위해서는 가능한 기존 시설을 최대한 활용해야 합니다. 그래야 다음 세대에 본보기가 될 수 있지 않겠습니까? 우리 한번 해보십시다."

김종희는 복구팀의 사람들과 몇날 며칠 머리를 맞대어 복구계획서를 작성했다.

계획서를 살펴본 이승만 대통령은 흡족해하며 장관에게 물었다.

"인천 화약 공장 1차 복구 공사를 완료하고 시험 생산에 들어가는 걸로 되어 있네요. 그나저나 계획서도 중요하지만 이걸 만든 사람이 더 중요한 거 아니오? 김종희라는 사람이 성실한 인물이오?"

"예, 각하! 성실할 뿐 아니라 추진력도 강하고 패기가 넘치는 사람입니다."

"그럼 직접 재무장관과 의논해서 복구비 전액을 보조해주세요. 그리고 내년 안에는 반드시 우리 손으로 만든 국산 화약을 쓰도록 노력해봅시다."

그즈음, 한국화약은 일본과의 교역이 금지되는 바람에 일본에서 화약을 수입하는 길이 막혔고 모나나이트의 수출도 어려움에 빠져 있었다. 게다가 복구비용 전액을 지원해주기로 약속한 강 장관이 돌연 장관직에서 물러나면서 형편은 더욱 어려워졌다.

한국화약으로서는 힘 빠질만한 일이었다. 김종희는 재빨리 다른 방법을 찾아 나섰다. 일단 화약 수입은 대만에서 들여오는 것으로 바꾸었다. 또, 이전과는 다른 무역 방식으로 일본산 화약을 들여와 화약 공급에 별다른 문제가 생기지 않도록 했다.

그 사이 인천 화약 공장을 복구하는 일은 점점 더 어려움을 겪고 있었다. 워낙 까다로운 작업인데다 국가에서 지원하는 돈도 늘어오지 않으니 진퇴양난(進退兩難, 이러지도 저러지도 못하는 어려운 처지)이었다.

얼마 뒤 새롭게 바뀐 장관에게서 다시 연락이 왔다. 그는 인천 화약 공장 복구지원비에 대해서 알고는 있지만, 국가 보조금으로 진행하는 건 어렵다는 입장이었다.

"김 사장님, 그러지 말고 차라리 한국화약에서 인천 화약 공장을 사는 건 어떻습니까?"

"저희가 그럴 능력이 있어야 말이지요…."

"어차피 복구 공사는 대통령께서 승낙하신 일이니 돈은 얼마든지 빌려드리겠습니다. 화약은 각하의 관심사입니다. 다만 국가 보조로 지원하는 건 무척 까다롭기에 드리는 제안입니다."

"흠… 좋습니다."

이후 한국화약주식회사는 인천 화약 공장을 인수했다.

한동안 자금 문제가 돌덩어리처럼 김종희의 마음을 눌렀다. 하지만 어차피 국내에서 화약을 생산하겠다고 마음을 굳힌 이상, 국내의 상징적인 화약 공장을 인수하여 다시 가동시키는 일은 큰 의미가 있었다.

"자, 이제 우리의 공장입니다. 하루라도 빨리 복구에 성공해서 우리 손으로 화약을 한번 만들어봅시다!"

김종희의 우렁찬 외침에 인천 화약 공장은 점점 활기를 되찾기 시작했다.

첫 시험 생산의 주인공

1955년 12월 24일이었다. 인천 갯벌에 폐허처럼 팽개쳐져 있던 인천 화약 공장의 보일러 굴뚝에서 검은 연기가 피어올랐다.

"와아~ 됐다, 됐어!"

직원들은 굴뚝의 연기를 보면서 탄성을 질렀다. 드디어 1차 복구 작업을 마치고 보일러의 화입식(첫 번째로 불을 피우며 공장 가동을 알리는 의식)을 끝낸 것이다. 김종희가 화약과 인연을 맺은 지 15년 만에 이룬 일이었다.

"여러분, 이제부터 시작입니다. 공장 복구를 마쳤으니 이제 화약 생산에 총력을 기울입시다. 원래 이 공장은 다이너마이트를 생산했던 곳입니다. 제 기능을 살리려면 복구 작업을 계속해야 합니다. 복구 작업이 진행되는 동안 한쪽에서는 초안폭약 생산에 도전해봅시다. 다이너마이트보다 생산 과정이 더 간단할 겁니다. 초안폭약 생산에 성공한다면, 다이너마이트를 만드는 데 한 발짝 더 다가설 것입니다."

김종희가 생각해둔 시험 생산의 첫 번째 주인공은 초안폭약이었다. 초안폭약이란 초산암모늄이라는 약제를 주성분으로 하는 폭약으로, 다이너마이트보다 성능은 약하지만 만들기가 더 쉽고 다루는 데 별 어려움이 없었다.

일전에 김종희는 화약 제조에 대한 정보를 얻기 위해 '일본카릿트'라는 화약 회사의 시부가와 공장을 방문한 적이 있었다. 시부가와 공장은 초안폭약의 원료인 초산암모늄을 생산했다. 김종희는 그곳의 관계자와 만나 한국에 초안폭약 공장이 생기면 일본카릿트의 원료를 수입하는 대신 폭약을 만드는 기술을 한국화약에 지원하겠다는 약속을 받아낸 바 있었다.

폭약 만드는 기술을 얻기 위해 김종희는 굉장히 많은 공을 들였다. 기술의 중요성을 누구보다 절실하게 느꼈기 때문이다.

일제 강점기 때 일본인들은 화약 산업을 하면서도 제대로 된 한국인 기술자는 한 명도 양성하지 않았다. 경험 없는 이들에게는 위험하다는 이유로 접근할 수 없게 막아선 것이었지만, 사실은 그보다는 기술을 전수하지 않겠다는 의도가 깔려 있었다.

김종희는 화약공판에 일본인 기술자들이 모두 빠지고 난 뒤, 더 이상 폭약을 만들 수 없게 되었을 때의 막막함을 떠올렸다. 그때 그는 기술과 인력이야말로 회사의 가장 중요한 재산이라는 생각을 했다. 김종희는 그날 이후 고급 기술을 확보하고, 우리 기술자를 양성하기 위해 바쁘게 뛰어다녔다.

초안폭약 생산에 성공하다

그러던 중, 함경도 흥남의 화약 공장에서 초안폭약을 만드는 일에 참여했던 화약 기술자들이 대구로 피난을 왔다는 소식을 들었다. 그 화약 기술자들은 대구에 화약 공장을 차리고 가내공업(집에 있는 도구와 단순한 기술로 어떤 물건을 만드는 소규모 공업) 식으로 폭약을 만들고 있었다.

김종희는 그들의 도움을 받기 위해 찾아갔다. 그리고 설득 끝에 그들을 인천 화약 공장으로 오게 만들었다.

이로써 초안폭약을 만드는 모든 준비가 다 된 셈이었다.

"사장님, 오늘 초안폭약 시험 생산이 있습니다."

"그래요? 잘해봅시다."

초안폭약은 원료의 순도(그 물질의 주성분인 순물질이 차지하는 비율)가 관건이었다. 그런데 초반에 시험했던 결과물이 모두 좋지 않았다. 일본과의 무역이 금지된 탓에 원료를 들여올 수 없어, 어쩔 수 없이 대만으로부터 초산암모늄을 들여왔으나 그것에 문제가 있었던 모양이었다.

"초안폭약은 초산암모늄의 순도가 99퍼센트 이상이 되어야 합니다. 그런데 지금 우리나라에는 정밀화학 실험소가 없어서 원료의 순도를 확실히 측정할 수가 없습니다."

"흠… 초산암모늄이 문제로구민. 알았네. 내 한번 알아보지."

김종희는 일본의 '아사히가세이'라는 회사에서 생산하는 초산암모늄을 들여오는 것을 검토했다. 그 당시 일본과의 무역이 자유롭지 못했기 때문에, 일본을 직접 거치지 않고 제3국을 통해 들여와야 하는 복잡한 상황이었다.

그의 고민이 더욱 깊어질 즈음, 운 좋게도 나라 사정이 조금씩 나아지기 시작했다. 일본과의 교역이 풀린 것이다.

일본과의 교역이 금지되면서 화약공판뿐만 아니라 국내 경제 전반이 심각한 고통을 입고 있었다. 다행히 교역이 풀리면서부터 한국화약도 숨통이트이기 시작했다. 그리고 다시 모자나이트와 같은 광산물을 일본에 수출할 수 있는 길이 열렸다.

또한 일본산 초산암모늄도 수입해올 수 있었다. 초산암모늄은 초안폭약을 만드는 원료 중 75퍼센트 이상 비율을 차지할 정도로 중요한 재료였다. 그 밖에 나머지 재료들은 모두 국내에서 얻을 수 있었다. 재료는 모두 준비했으니 이제 생산 과정에서 성공하는 일만 남은 것이다.

인천 화약 공장에는 날마다 검은 연기가 피어올랐다. 직원들은 시험 생산에 심혈을 기울였다.

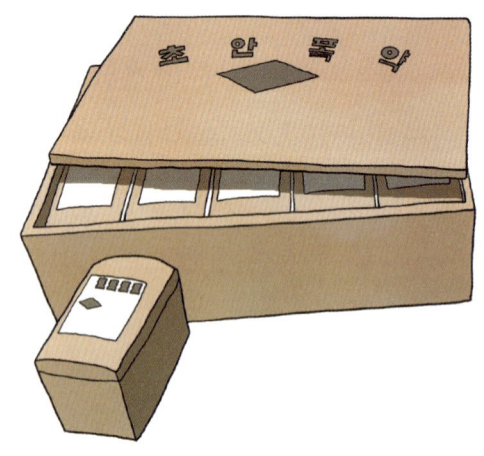

드림 1

폭약을 만드는 과정은 쉽지 않았다. 원료를 배합하는 데 조금이라도 오차가 있으면 폭발이 일어나지 않았고, 자칫 잘못하면 위험한 사고로 이어질 수도 있었다.

시험이 거듭되던 어느 날 반가운 소식이 들려왔다.

"사장님! 드디어 초안폭약 생산에 성공했습니다! 만족할만한 결과를 얻었어요."

"아, 그렇군요! 수고했습니다. 첫 번째 과제는 성공했으니 이제 본격적으로 '폭약의 꽃'인 다이너마이트를 만드는 데 도전해봅시다!"

그날 이후 각종 언론에서는 한국화약이 국내 기술로 '세이프티 마이트(Safety-mite)'라는 초안폭약 생산에 성공했다는 보도를 내보냈다. 다이너마이트가 생산된 것은 아니었지만, 그 전 단계라 할 수 있는 초안폭약이 국내 기술로 생산되었다는 것만으로도 대단한 성과였다.

국내에서 최초로 만든 대량 생산 화약인 세이프티 마이트는 전국의 탄광으로 팔려나갔다. 한국화약주식회사는 이로써 국내 화약 생산의 첫발을 떼며 꿈을 향해 다가섰다.

김종희의
성공법칙

한 우물을 파라!

　김종희는 전쟁 통에 사업을 하면서 목숨을 담보로 하는 위험한 순간도 많았지만, 한편으로는 많은 돈을 한꺼번에 벌 기회도 있었습니다. 특히 미8군 병참 기지에서 화약을 관리하는 일을 할 때 크게 한몫을 잡을 수 있는 좋은 정보를 많이 얻었죠. 모든 물자가 부족하던 때이니 외국에서 물건을 수입해 국내에 팔면 큰돈을 벌 수 있다는 것을 알았습니다.

　하지만 김종희는 그와 같은 기회가 있어도 한눈을 팔지 않았습니다. 그에게는 화약 산업에 자신의 모든 인생을 걸겠다는 신념이 있었기 때문입니다.

　"아니, 지금 같은 때에 그 위험한 화약에 왜 손을 댑니까? 지금은 어떤 걸 수입해서 팔아도 돈이 되는데 말입니다. 차라리 다른 화학공업 약품이나 설탕, 비료 같은 걸 가져와서 팝시다."

　"이보게. 송충이는 솔잎을 먹어야 사는 거야. 송충이가 갈잎을 먹으면 죽는다는 거 몰라? 나 같은 화약장이는 화약 산업을 해야지."

　주위의 끈질긴 만류와 설득에도 김종희의 신념은 흔들리지 않았습니다. 남들은 순간의 이익을 쫓았지만 김종희는 뚝심 있게 화약계를 지켰죠. 덕분에 그는 한국 화약계의 대부로 우뚝 설 수 있었고, 한국 화약계의 눈부신 성장을 이끄는 선구자가 될 수 있었습니다.

　우리 속담에 '송충이는 솔잎을 먹어야 한다'라는 말이 있습니다. 자신에게 꼭 맞는 일, 꼭 맞는 길을 걸어야 한다는 의미입니다.

　주위를 보면 많은 이들이 자신에게 꼭 맞는 일을 찾지 못하거나, 갈피를 못 잡고 헤매이다 결국 길을 잃어버린 경우를 종종 볼 수 있습니다. 한 우물을 파는 일은 어찌 보면 지루할 수도 있는, 기다림을 필요로 하는 일입니다. 하지만 포기하지 않고 자신이 정한 길을 묵묵히 걷다 보면 언젠가는 반드시 좋은 기회가 찾아오지요.

 김종희는 자신이 정해놓은 길을 따라 국가적 사명을 띠고 화약인으로서 한평생 한 우물을 팠습니다. 그랬기 때문에 자신의 인생을 성공으로 이끄는 기회를 잡을 수 있었습니다.

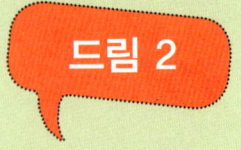

'다이너마이트 김'의 역전 드라마

이제 우리 한국화약에서는 국내 광업은 물론 각종 산업에서 쓰일 다이너마이트와 폭약 등을 제공할 수 있습니다. 앞으로 나라의 경제가 발전하면 그에 따라 산업용 화약의 수요도 많아질 테니 한국화약은 그에 발맞춰 사회에 공헌하도록 하겠습니다.

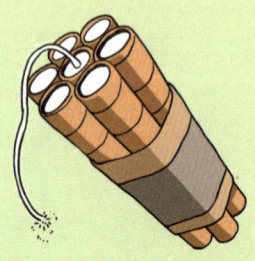

다이너마이트를 만들어라

니트로글리세린을 만들어라

"과장님, TNT(트라이나이트로톨루엔이라고 불리는 화합물로, 폭약을 만드는 데 쓰이는 재료 중 하나) 가루에 찹쌀가루를 섞으면 떡 반죽처럼 끈적거릴 테니 그렇게 하면 뇌관(화약에 삽입되어 폭발을 일으키게끔 하는 금속관)이 꽂히지 않을까요?"

"그러다 나중에 진짜 땡땡하게 굳어버리면 어쩔 건가?"

"그야… 배합 비율만 잘 조정하면 문제없지 않을까요?"

신현기 과장은 직원들의 대화를 들으며 한숨을 푹푹 쉬었다. 그는 다이너마이트 생산을 위해 김종희가 발탁하여 데려온 제조 기술자였다.

어떻게든 다이너마이트를 만들어보겠다는 직원들의 노력은 가상했으나, 신현기 과장이 보기에 그들의 시도는 다이너마이트가 무엇인지 제대로 알지도 못하는 사람들의 장난 같아 보였다.

다이너마이트의 본질은 '니트로글리세린'이다. 이 액체는 초산(에탄올을 산화하여 만든 자극성이 있는 산)과 유산(화학 공업에 주로 쓰이는 기초 원료로 강한 산성을 지닌 액체)을 혼합한 차가운 액체이다.

그런데 이 니트로글리세린은 열을 받기만 하면 금세 폭발하는 성질이 있어 반드시 조심히 다뤄야 한다. 니트로글리세린을 다른 물질과 혼합해 폭발 위험을 최대한 줄인 것이 바로 스웨덴의 발명가 알프레드 노벨의 다이너마이트였다.

노벨은 액체 폭약을 생산하는 아버지의 일을 돕던 평범한 청년이었다. 하지만 새로운 폭약인 니트로글리세린을 알게 되면서부터 그의 인생은 완전히 달라지기 시작했다.

노벨이 초기에 만든 폭약은 적은 자극에도 폭발을 하는 단점이 있었다. 그는 폭약을 수송할 때는 안전하고, 폭발시킬 때는 강력한 폭발력을 일으키는 폭약을 만들기 위해 연구에 연구를 거듭했다. 이후 그에게 행운이 찾아왔다. 규조토라는 물질이 우연히 흘러나와 니트로글리세린과 혼합한 뒤 굳는 모습을 본 것이다.

이로써 노벨은 보다 안전한 다이너마이트를 발명할 수 있었다. 다이너마이트가 공업, 광업 등 수많은 산업에 사용되면서 인류의 발전은 앞당겨졌고, 노벨은 세계에서 가장 유명한 발명왕이란 평가를 얻었다.

김종희 역시 다이너마이트를 만드는 데 성공할 것이라고 굳게 믿었다. 노벨처럼 유명한 사람이 되고 싶은 생각은 없었다. 다만, 산업용 화약의 꽃이라 불리는 다이너마이트를 국내 기술로 생산할 수만 있다면 지금껏 외국 물자에 의존하던 것을 국내산으로 대체할 수 있으니 그것이 곧 사업보국이라고 생각했다.

그러려면 노벨이 시도했던 것처럼 니트로글리세린을 우선 만들어야 했다. 니트로글리세린을 만들지 못하면 다이너마이트의 국내 생산은 사실상 불가능했다.

"사장님, 지금 직원들은 다이너마이트에 대해 몰라도 너무 모릅니다. 가장 시급한 것이 니트로글리세린을 생산하는 것인데, 이건 너무 위험해서 수입해올 수도 없어요. 그러니 인천 공장의 니트로글리세린 제조 시설을 시운전(실제로 기계 장비 등을 사용하기 전에 시험적으로 가동시켜 보는 것)해보시죠."

"신 과장님 생각대로 하세요. 그나저나 우리 회사에 다이너마이트 제조 설비를 다뤄본 기술자가 없을 텐데… 이를 어쩐다?"

김종희는 이 점이 가장 마음이 걸렸다. 다이너마이트 제조 방법에 대한 전문지식을 가지고 있는 사람이 국내에 없었기 때문에 제조에 나설 기술자를 찾는 일이 무척 힘들었다.

다이너마이트 생산에서 가장 기초적인 단계는 초화공실 작업이었다. 이 작업은 노벨이 심혈을 기울여 연구했던 니트로글리세린을 가장 안전한 상태가 되도록 합성하는 일이었다.

초화공실 작업은 몇 가지 실험 조건을 갖추어야 했다. 먼저 초산과 유산을 혼합한 혼산의 온도를 5~10도로 조절해야 하고, 초화 온도는 17도 이하로 유지하면서 이상이 있는지 없는지를 배기가스의 색깔로 구별해서 가려내야 했다.

그런데 이러한 까다로운 일을 할만한 사람을 찾기가 힘들었다. 그나마 한국인 중에 초화공실이나 날화공실과 같은 주요 생산이 이뤄지는 과정에 견습공(기술을 배워 익히는 과정에 있는 공장 직원)으로 일한 사람이 몇 명 있기는 했다. 그런데 그들 역시 안타깝게도 공장 폭발 사고로 모두 목숨을 잃은 것이다.

"사장님, 저도 그들이 모두 죽은 걸로 알고 있었는데요, 현재 세 사람이 생존해 있다고 합니다."

"그래요? 그럼, 왜 이러고 있습니까? 빨리 그 사람들을 찾아 데려오세요!"

"아, 그렇잖아도 찾아가봤습니다만… 너무 많은 월급을 달라고 하더군요."

견습공으로 일했던 기술자들이 요구한 월급은 김종희가 사장으로 받는 월급의 대여섯 배였다. 그럼에도 김종희는 망설임 없이 결단을 내렸다.

"데려오세요. 그들이 원하는 대로 보수를 줄 겁니다. 그나저나 그 사람들을 데려오면 니트로글리세린을 만들 자신은 있지요?"

"네, 해보겠습니다!"

그렇게 데려온 기술자는 모두 세 명, 초화공실 견습공으로 근무한 경험이 있는 이성구, 유영수, 이종현이었다. 모두 니트로글리세린 합성을 해본 경험이 많지는 않았지만, 생산이 어떤 과정으로 이루어진다는 것 정도는 알고 있었다. 그것만으로도 한국화약으로서는 다행이었다.

인천 공장은 2차 복구 작업을 진행하면서 한편에서는 신현기 과장을 중심으로 한 세 명의 기술자들이 니트로글리세린을 생산하는 준비 작업에 들어갔다.

그들은 날마다 초화공실에서 손발을 맞추며 연구를 거듭했다. 실제 재료를 쓰면 너무 위험했기에 맹물로 재료를 대신하며 수백 번도 넘게 꾸준히 실험을 연습했다.

"다들 수칙은 모두 기억하죠? 작은 실수도 용납하지 않습니다!"

"네! 첫째도 안전, 둘째도 안전입니다."

최초의 시험 초화 예정일이 바싹 다가왔다. 예정일에 맞춰 보일러용 석탄이 대만에서 들어오고, 원료 중 하나인 유산과 초산이 일본에서 들어왔다. 며칠 뒤면 오랫동안 기다린 니트로글리세린의 국내 생산 가능성을 판가름할 수 있었다.

결과는 아무도 장담할 수 없었다. 그러나 아무도 시도하지 않은 다이너마이트의 국내 생산은 한국화약 직원들에게 일생일대 꿈이었기에 모두들 간절한 마음으로 최선을 다했다.

'다이너마이트 김'의 탄생

"따르릉, 따르릉~"

요란한 전화벨이 울렸다.

"김종희입니다. 오늘 예정대로 작업을 시행하지요?"

"네, 모든 준비가 완벽합니다."

"몇 시부터 시작입니까?"

"11시 정각에 합니다. 아마 12시 전후로 끝날 것 같습니다. 보통 니트로글리세린 합성 작업은 50분 정도 시간이 걸립니다."

"좋습니다, 기다리고 있겠습니다! 오늘 실험에 성공하면 제가 크게 한턱 내죠!"

전화를 끊고 나자 김종희는 가슴이 몹시 울렁였다. 공장을 1차적으로 복구하고 처음으로 시험 초화를 하는 순간이었다. 이 시험이 성공해야 다이너마이트 생산의 첫 단계인 니트로글리세린을 생산할 수 있었다. 그때부터 초조한 기다림이 시작되었다.

한편, 인천 화약 공장의 초화공실에는 더더욱 큰 긴장감이 감돌았다. 전 직원들에게 니트로글리세린 합성 작업 중임을 알리는 적색 깃발이 건물 지붕 위에 높이 걸렸다.

이제는 세 명의 기술자에게 성공의 여부가 달려있었다.

그동안 수차례 연습을 했지만 막상 초화 시험을 앞두자 기술자들은 오금이 저려왔다.

"자, 초화의 다섯 가지 절대 수칙을 한 번 외워봅시다."

신현기 과장은 작업반원들과 힘주어 다섯 가지 원칙을 외쳤다.

"첫째, 글리세린을 넣을 때는 반드시 1분에 10킬로그램 내지 15킬로그램씩 주입할 것. 둘째, 냉각용 소금물은 5도 내지 10도 이내로 조정할 것. 셋째, 초화 온도는 반드시 17도 이하로 유지할 것. 넷째, 작업 중 반응조의 배기가스가 빨간색으로 변하거나 염산가스가 발생할 때, 또는 초화온도가 갑자기 올라갈 때는 즉시 글리세린 주입을 중지할 것. 다섯째, 모든 것이 정상이라도 초화온도가 23도 이상으로 올라갈 때는 글리세린에 불순물이 섞여있다는 것이므로 무조건 초화기 밑바닥에 있는 비상밸브를 열어 약물을 모두 땅속 물탱크로 쏟아버릴 것."

이미 수없이 반복한 내용이었지만, 그날만큼은 수칙이 한 자 한 자 그들의 가슴에 박혔다.

시험이 시작되었다. 작업이 이뤄지는 초화공실은 세 명의 기술자만 들어갈 수 있었기에 바깥에서는 작업 중임을 나타내는 적색 깃발이 내려지기만을 기다렸다. 그렇게 초조한 시간이 이어졌다.

예상된 작업 시간은 50분이었으나, 어쩐 일인지 작업을 시작한 지 1시간이 지나도 안에서는 감감무소식이었다.

"아직 깃발이 내려오지 않았나?"

"예, 아직 그대로 있습니다."

또다시 기다림이 이어졌다. 1시간 30분이 지나고 있었다. 불길한 예감이 들었다. 예상된 시간을 넘겼다면 뭔가 문제가 생긴 것이 분명했다. 만에 하

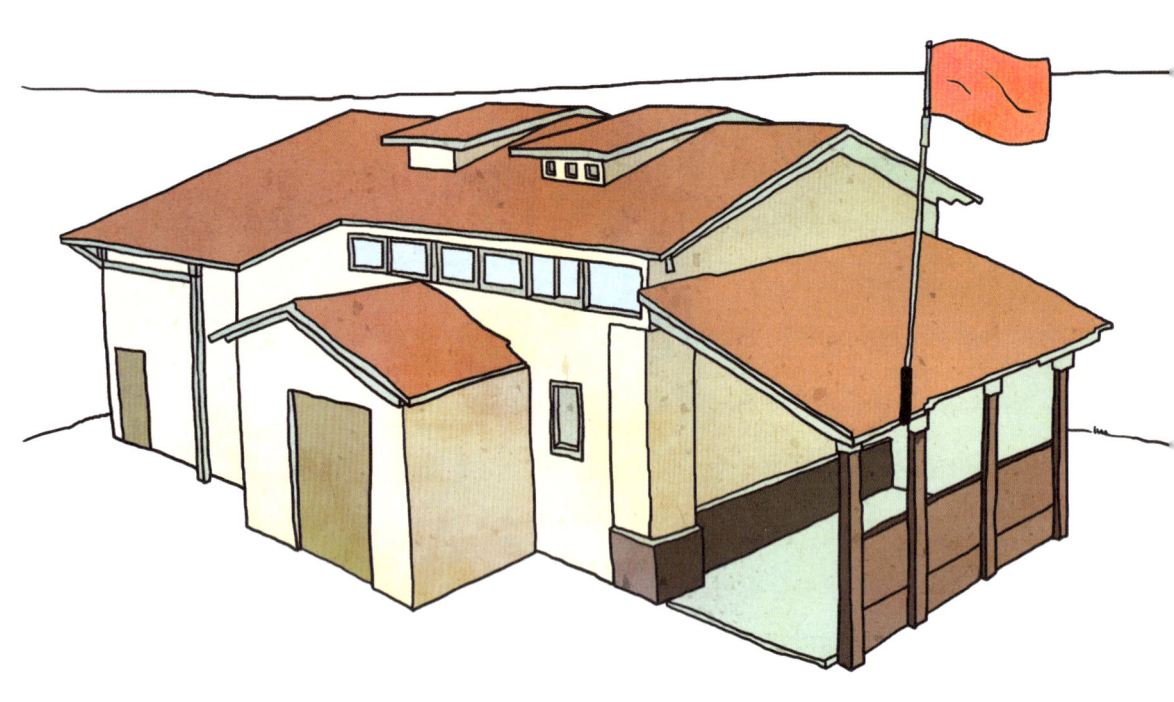

나 폭발이 있었다면 몰랐을 리가 없을 텐데, 정말 이상한 일이었다.

안되겠다 싶은 김종희가 실험 중단 결단을 내리려 했다. 그런데 김종희만큼이나 초조하게 기다리고 있던 신현기 과장이 이미 작업실을 향해 달려가고 있었다.

정신없이 달려간 신현기 과장이 앞뒤 가리지 않고 초화공실 문을 열고 들어가려던 때였다. 마침 문이 열리며 안에서 작업하던 사람들이 나왔다. 신현기 과장도 그제야 깃발이 내려져 있음을 발견했다.

"과장님…."

작업실에서 나온 세 사람은 기진맥진한 모습이었다.

"아니, 어떻게 된거야?"

"아휴… 이제 막 끝났습니다."

무사히 끝났다는 안도감에 네 사람은 땅바닥에 털썩 주저앉았다. 잠시 숨을 놀리던 네 사람은 초조한 마음으로 기다리고 있을 사장을 떠올리며 사무실로 뛰어갔다.

"사장님, 성공입니다."

"오, 그래요? 니트로글리세린 합성이 제대로 된 겁니까?"

"네, 잘되었습니다."

"다행이네! 그런데, 왜 이렇게 시간이 오래 걸렸던 거요?"

"그게… 그렇게 연습했는데도 어찌나 손발이 떨리던지… 글리세린을 반응조 속에 넣을 수가 없더라고요. 다행히 한 30분쯤 지나니깐 진정이 됐습니다. 이렇게 시간이 흐른 줄도 몰랐습니다…."

"아휴, 나 참. 그래도 잘했네! 수고들 했어요. 다들 10년 감수했구먼. 허허, 내 오늘 노벨 박사 제자님들한테 저녁을 대접할게요."

드디어 국내 기술력으로 니트로글리세린 합성 작업에 성공한 것이다. 이로써 국산 다이너마이트 생산 가능성에 성큼 다가선 셈이었다.

며칠 후, 각 신문에서는 1957년 5월 29일 인천 화약 공장에서 벌어진 일들을 앞다투어 보도하기 시작했다. 언론에서도 '다이너마이트 국산화 개가'라는 제목으로 한국화약이 피나는 연구 끝에 화약 불모지인 우리나라에서 마침내 니트로글리세린 제조에 성공했다는 사실을 큰 비중으로 다루었다. 초화작업반원 세 사람은 노벨의 후예들이 되어 있었다.

'아… 이제 시작이로구나. 우리의 오랜 꿈이 드디어 이루어지는구나.'

물론 니트로글리세린 제조에 성공했다고 해서 곧바로 다이너마이트를 만들 수 있는 것은 아니었다. 아직도 해결해야 할 기술적인 어려움들이 남아 있었다. 하지만 가장 큰 난관을 넘었으니 꿈에 한 발 더 다가간 것이었다.

한국화약의 반전 드라마

"이제 인천공장 3차 복구 공사 계획을 세웁시다."

니트로글리세린 생산에 성공한 뒤 김종희는 인천 공장의 복구 작업에 더욱 박차를 가했다.

"사장님, 다이너마이트를 생산하려면 작업실을 더 보수해야겠습니다."

"그야 당연한 일이지. 뭐든지 필요한 게 있으면 계획서를 작성해서 올리세요. 검토해서 필요한 게 있으면 뭐든 지원할 테니."

다이너마이트는 앞서 성공한 초화 작업으로 다 끝난 게 아니었다. 훨씬 더 복잡한 과정이 남아 있었다.

니트로글리세린을 합성하는 것에는 성공했지만, 그것을 반죽하는 날화 작업이 있고, 반죽을 눌러서 모양을 만드는 압신, 포장과 산 처리 등의 과정을 거쳐야 했다. 이러한 과정들을 모두 거쳐야만 제대로 된 다이너마이트를 만들어낼 수 있기에 한 과정도 소홀히 할 수 없었다.

"사장님, 날화공실을 더 보완해야 할 것 같습니다."

"그래? 알았네."

한국화약은 공장의 복구에 열의를 쏟는 동시에 한쪽에서는 다이너마이트 생신을 위한 연구실을 설치하고 화약 생산에 관한 연구를 계속했다.

일단 주요 생산품목인 초안폭약의 품질을 높이는 데 집중했고, 또 한편으로 다이너마이트 생산을 위한 연구 작업을 이어갔다.

그 결과 1957년 10월, 한국화약은 끝없는 연구와 실험 끝에 큰 결실을 맺었다. 드디어 다이너마이트 생산에 성공한 것이다. 첫 제품을 세상에 발표하며 김종희는 이렇게 소개했다.

"마침내 우리 한국화약이 국내 최초 다이너마이트 생산에 성공했습니다! 이것이 바로 우리 한국화약에서 만든 '젤라틴 다이너마이트'입니다."

김종희의 발표에 국내 경제계와 언론계가 모두 술렁였다. 얼마 전까지만 해도 한국화약이 하는 일에 대놓고 조롱했던 이들도 있었다. 하지만 그들도 한국화약이 내놓은 성과에 놀랄 수밖에 없었다. 노벨이 발명하여 세상을 놀라게 만들었던 다이너마이트를 우리나라의 순수한 기술로 만들었다니 다들 어안이 벙벙한 듯했다.

"이제 우리 한국화약에서는 국내 광업은 물론 각종 산업에서 쓰일 다이너마이트와 폭약 등을 제공할 수 있습니다. 앞으로 나라의 경제가 발전하면 그에 따라 산업용 화약의 수요도 많아질 테니 한국화약은 그에 발맞춰 사회에 공헌하도록 하겠습니다."

다이너마이트 생산에 성공했다는 소식에 한국화약의 주가는 날마다 올랐다. 한국화약에서 생산한 화약은 금세 국내 산업 전반에서 골고루 쓰이는 인기 상품이 되었다.

다이너마이트뿐만 아니라, 초안폭약에 니트로글리세린을 5퍼센트 더한 암몬나이트(Ammonnite)가 출시되었을 때는 국내 석탄 공사에서 사용되던 폭약 전부가 암몬나이트로 대체되었다.

그뿐만 아니라 시제품(정식 제품으로 나오기 전에 시험적으로 만들어진 제품)으로 나온 젤라틴 다이너마이트의 품질이 향상되면서 국내에서 사용되는 화약 대부분이 국내산 다이너마이트로 쓰였다.

얼마 뒤, 정부에서는 그간 수입해오던 일반산업용 화약의 수입을 모두 중단하기에 이르렀다. 지금까지 해외에서 들여오던 화약이 한국화약에서 생산하는 국내산 화약으로 모두 대체된 것이다.

한국화약의 놀라운 성장으로 인해 정부가 얻는 이익도 컸다. 해마다 화약

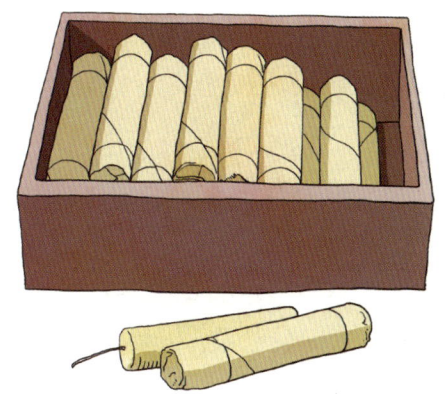

수입에 쓰이던 귀중한 외화를 아낄 수 있었기 때문이다.

"사장님, 화약 매출액 보고를 드리겠습니다. 1958년 현재 한국화약의 매출액이 8억 4,707만 환(우리나라에서 사용되었던 예전 화폐 단위)입니다."

"하하, 죽을 각오로 이 일에 뛰어든 직원들 덕분에 우리 회사가 많이 성장했네. 2년 사이에 매출액이 2.5배가 늘었다니!"

그때부터 업계에서 한국화약을 바라보는 시선이 조금씩 바뀌었다. 국내에서 화약을 생산하겠다는 야무진 꿈에 재를 뿌리던 이들, 화약이 아니라도 돈을 벌 방법이 많은데 굳이 화약에 투신하겠다는 젊은 사장의 꿈에 야유하는 이들 모두 한국화약을 달리 보기 시작한 것이다.

아무나 갈 수 없는 길을 걷는 그에게 박수를 보내기 시작했고, 누구도 쉽게 엄두내지 못하던 길을 선택한 그를 응원하며 지지하기 시작했다.

김종희는 오랜 꿈이었던 화약의 국산화를 성공하면서 반전 드라마의 주인공이 되었다.

진실과 열정 사이에서

정확과 진실만이 살 길이다

　　　　　　　　　　　　인천 화약 공장의 생산 시스템이 거의 정상화되면서 한국화약은 화약 생산에 총력을 기울였다.

그러던 와중에 문제가 터졌다.

"화약은 99퍼센트가 아닌 100퍼센트로 완벽한 것이어야 합니다. 화약은 1퍼센트의 불안전한 요소들로도 폭발할 수 있습니다. 또 그러한 폭발로 인한 피해는 다른 산업재해(일을 하는 과정에서 사고 등으로 인해 근로자에게 생기는 재해)와 달리 치명적일 수 있어요. 그러니 우리 화약인들은 일을 시작하기 전에 첫 번째로 안전을 생각해야 합니다. 그러려면 일을 할 때 정확해야 하고 빈틈이 없어야 합니다."

김종희가 귀가 따갑도록 직원들에게 지시하는 내용이었다. 국내에서 유일하게 화약을 생산하는 기업으로서 더욱 책임감을 가지고 기본 수칙을 지키자는 의미였다.

그런데 공장의 이런 안전 수칙이 직원들 사이에서 불만으로 번졌다.

"아니, 우리가 무슨 기계도 아니고…."

"안전 수칙이 중요한 건 우리도 압니다. 그래도 이건 너무 심하잖습니까?"

그러던 중 4·19혁명이 일어났다. 인천 화약 공장에도 노동자들의 연합단체인 노동조합(노동 조건의 개선 및 노동자의 사회적·경제적인 지위 향상을 목적으로 노동자들이 만든 단체) 바람이 불어닥쳤다.

"사장님, 아무래도 직원들의 움직임이 심상치 않습니다. 노조(노동조합)를 결성하려는 것 같습니다."

"흠… 그래요? 그런데 그 사람들, 노조 만들면 제대로 운영은 할 수 있답니까? 그러지 말고 딴 데 가서 좀 배워오게 하세요."

"네? 아니 사장님, 노조를 결성하면 아무래도 회사 경영 측면에서는 그다지 좋을 일이 없을 텐데요…."

"멀리 내다봅시다. 이왕 할 거면 제대로 운영해야 좋지 않겠어요? 노조 운영을 잘하는 공장들이 더러 있을 테니 보고 오라고 하세요. 또 근무 조건도 서로 비교해서 따져보라고 하세요. 그래야 자신이 일하는 곳의 조건이 나쁜 것인지 좋은 것인지 알아볼 수 있을 것 아닙니까? 그 이후 요구 사항이 있다면 우리도 검토해서 들어주면 되지요."

김종희는 자신감이 있었다. 한국화약의 직원들을 국내 최고의 기술자라고 여겼기에 그들에게 최고의 대우를 해주고 있었다.

그리고 김종희의 생각대로였다. 노조 위원들이 다른 회사의 노동조합을 돌아보며 알아본 결과, 인천 화약 공장 직원들에 대한 대우가 업계 최고라는 사실이 확인된 것이다.

그런데 애먼 곳에 불똥이 튀었다.

"사장님, 저희가 노조와 원만하게 지내기 위해 협조하고 배려했던 것이 오히려 불씨가 됐습니다. 노조 임원들이 회사와 짜고 말을 맞춘 게 아니냐며 노조원들 사이에 싸움이 붙었어요."

"어허, 그것참…."

노조에서 일어난 분쟁은 점점 번졌다. 한번 불거진 시비는 농성 투쟁으로 발전했고, 서울의 거리도 연일 시위 행렬로 인해 붉은 깃발이 나부꼈다.

김종희는 점점 근심이 커졌다. 안 그래도 4·19혁명 이후 화약 수요가 줄어들어 판매 성적이 부진했는데 노조까지 고민을 더한 것이다. 그럼에도 그는 노조 측에서 요구하는 월급 인상안을 받아들이고 회사를 정상화하기 위해 최선을 다했다.

그러던 때 5·16이 발생했다. 군사정권이 들어서면서 사회 분위기는 급속으로 냉각되었다. 이후 한국화약의 노조도 결국 해체되었다. 그리고 나라의 사정은 다시 급하게 돌아갔다. 사회를 깨끗하게 한다는 목표 아래 각종 검열이 시작되었고 경제계에서도 부정부패를 없애자는 바람이 불었다.

그런데 불똥이 엉뚱하게 한국화약으로 튀었다. 한국화약의 그간의 성과가 모두 부정축재(지위와 권력을 이용하는 등 부정한 방법으로 재산을 모음) 때문이라는 여론이 일었다.

"사장님, 이거 어디 억울해서 살겠습니까?"

"흠, 대체 우리가 어쨌다는 거야?"

"정치 권력이 보호하지 않고서는 어떻게 한국화약이 국내 화약계를 10여 년간이나 독점할 수 있겠느냐는 겁니다."

"아니, 그거야 아무도 이 일을 하겠다고 나서는 사람이 없었기 때문이잖아!"

김종희는 너무도 답답했다. 화약공판, 인천 화약 공장 모두 사겠다고 나서는 사람이 없었기에 그가 맡았던 것이었다. 가격 역시 터무니없이 비쌌지만 그래도 나라를 생각해서 손해를 감수하며 인수했던 것인데, 그것이 등에 비수로 꽂힐 줄이야 누가 알았겠는가.

"한국화약은 정정당당하네. 우리는 누구보다 정직하게 일했으니 진심을 알아줄 날이 올 걸세. 너무들 걱정 말고 각자 위치에서 자신의 일에 최선을 다해주게나."

사장의 확신에 찬 지시가 종업원들에게 큰 믿음을 주었다. 김종희는 그동안 회사를 운영하며 부정부패는 멀리 했으니 언젠가는 진심이 통할 거라 믿었다.

1961년 7월 14일, 부정을 취한 사람들을 법으로 다스리겠다는 부정축재처리법이 발표되었다. 어느 정도 재산을 쌓은 기업은 전부 조사 대상이 되었다. 국내 기업 중 부정축재 의혹을 받지 않은 곳이 거의 없었고 한국화약 역시 이를 피할 수 없었다. 그러나 한국화약은 모든 조사를 다 받았지만 법조항에 위반되는 사항은 단 하나도 발견되지 않았다.

많은 기업이 세금을 적게 내려고 갖은 꼼수를 부리던 시기였지만 한국화약만은 깨끗했다. 김종희의 기업 철학이 부정부패와는 거리가 멀기도 했거니와, 원료를 수입하는 것부터 제품을 출시하기까지 모든 과정을 경찰관서에 정확한 수치로 보고해야 했기에 애초에 부정행위는 불가능했다.

이로써 다른 기업은 호된 채찍을 맞았지만 한국화약은 오히려 깨끗하고 투명한 경영을 세상에 널리 알린 셈이 되었다.

화약의 다양화, 수출의 다각화

"사장님, 미8군에서 연락이 왔습니다."

"헤이, 미스터 김!"

미8군 사단장(사단을 통솔하는 최고 지휘관)의 전화였다. 김종희는 한국전쟁 중 미군의 화약 관리를 맡으며 미군과 깊은 인연을 맺은 바 있었다.

미군은 전쟁 이후 폐허가 된 땅에서 놀라운 경제 발전을 일구어낸 한국 기업과, 그중에서도 김종희 사장을 높이 평가하고 있었다.

"이번에 화약이 필요한데, 그걸 한국화약의 제품으로 사용할까 해요."

"아, 정말 감사합니다!"

생각지도 못한 일이었다. 이미 한국화약은 군사정권이 들어선 이후 호황을 맞고 있었다. 정부가 국토개발 사업을 시작했기 때문이다. 국토개발 사업이란 도로를 건설하고 발전소를 짓는 등 여러 가지 자원들을 개발할 시설들을 건설하는 대규모 작업이었다.

이런 작업을 하기 위해서는 화약이 필수였기에 한국화약이 중요한 역할을 하고 있었다. 그런데 그 시기에 맞춰 미군까지 나서서 화약을 구입하겠다니, 그저 놀라울 뿐이었다.

무엇보다 더 기분 좋은 것은 국산 화약의 품질이 국제적인 수준에 도달했다는 사실이었다. 김종희는 그날로 미8군과 화약 400톤의 공급계약을 맺었다. 국산 화약을 최초로 미국에 수출했다는 소식은, 한국은 물론이고 미국에서도 큰 화제였다.

"사장님, 화약 수요가 갈수록 늘어나고 있습니다. 이대로만 간다면 앞으로 끄떡없겠는데요?"

직원은 연신 허허거리며 보고를 했다. 하지만 김종희는 어쩐지 심각한 표정이었다.

"아니야. 기업이란 절대 현실에 안주해서는 안 돼. 그 자리가 좋다고 눌러앉다가는 소리 소문 없이 사라지는 거야. 우리도 이젠 다른 걸 준비해야지."

김종희는 얼마 전부터 사업을 다양화할 방법을 생각하던 중이었다. 송충이는 솔잎을 먹어야 한다는 마음으로 화약에만 온 힘을 다했지만, 어느 정도 수준에 오른 이상 더 멀리 내다봐야 했다.

한국화약이 화약 하나에만 연연하고 있으면 기업이 성장하는 데 한계가 있었다. 화약은 아무에게나 팔 수 있는 상품이 아니었다. 살 수 있도록 허가를 받은 사람에게만 팔아야 하므로 광고를 하는 일도 의미가 없었다. 더 큰 기업으로 규모를 확장하기가 힘든 상황이었다.

'그렇다면 일본 화약 회사들처럼 합성의약이나 농약제품, 도료나 염료를 만드는 사업을 해야 할 텐데….'

그는 해방 이후 일본을 드나들며 앞서 가는 기업의 회사 임원들과 지속적으로 교류했다. 김종희는 그들을 통해 기술과 정보를 얻으며 앞으로 한국화약이 어떤 분야로 진출하면 좋을지를 판가름하고는 했다.

"우리도 이제 정밀화학 분야로 사업을 넓혀야겠어요."

"네? 정밀화학이라면 고도의 기술이 필요할 텐데요…."

"그러니까 하자는 거 아닙니까. 처음부터 크게 하지는 못할 테니 차차 배우고 연구하면서 넓혀 가자고요. 먼저 안료(물질에 색을 입히는 색소로, 인쇄잉크, 플라스틱, 고무 등에 섞어서 씀)부터 제작해봅시다."

김종희는 이미 인천 화약 공장 연구실에 안료 제작에 사용되는 이산화티탄(일명 빨간모래라 불리는 일메나이트 원광)을 개발하도록 지시해놓은 상태였다. 그는 이산화티탄을 개발하기 위해 서울 본사 사무실에 기획실을 마련하고는 좋은 인재를 선발하기에 나섰다.

그가 원하는 인재상은 다음과 같았다.

- '네!' 대답하고 바로 실천하는 사람
- 누가 시키지 않아도 스스로 하는 사람
- 뒤에서 보고 있지 않아도 알아서 잘하는 사람
- 눈앞에 이익이 없어도 노력하는 사람
- 성과를 생각하면서 열심히 일하는 사람
- 옳은 일이라면 강력히 주장하는 사람

드림 2

김종희는 이러한 자세를 갖춘 인재를 원했다. 이 인재상은 자신이 추구하는 바이기도 했다. 실제로 그는 지금까지 화약계에 자신의 모든 것을 바쳐 오면서 눈앞의 이익에 연연하기보다 미래를 내다보며 투자했고, 누가 보든 안 보든 열심히 일했다. 또 자신이 결정한 일이 있으면 그 자리에서 바로 실천에 옮기는 실천형 인간이 되려고 했다.

그리고 김종희는 한국화약이 한창 성장하고 있을 때 그것에 안주하는 것이 아니라 먼 미래를 내다보는 지혜를 발휘했다. 사업의 안정을 확보하는 한편, 사업의 다양화를 이끌며 합성의약이나 도료, 안료 등의 정밀화학 분야로의 진출을 모색했고 새로운 길을 열어갔다.

당신이 '다이너마이트 김'이오?

"반갑소. 김 사장님이 다이너마이트 김이오?"

"네? 예… 그렇습니다. 여기 있는 미국 친구들이 다이너마이트 김이라 부르는 게 편한지 그렇게들 부르고 있습니다."

"다이너마이트 김! 멋있는 애칭입니다. 실제로 만나 보니 김 사장님의 큰 체격에 잘 어울리는 별명이네요."

천하의 김종희였지만 박정희 대통령 앞에 서자 등줄기에서 땀이 줄줄 흘렀다. 그도 그럴 것이, 1960년 군사정권과 함께 박정희 대통령이 집권한 뒤 얼마 지나지 않아 갑자기 불려간 자리였기 때문이다. 무슨 일인지도 모른 채 준비도 없이 대통령과 마주 앉아 있으려니 그도 무척 떨렸다.

"김 사장님은 한국보다 미국에서 더 유명합니다. 이번에 백악관 만찬에서 맥그루더 장군과 만났는데 그 사람이 '다이너마이트 김을 아느냐'고 묻더군요. 처음엔 농담인 줄 알았습니다."

군인 출신의 대통령이라 상당히 딱딱할 줄 알았던 박정희 대통령은 의외로 부드럽게 말을 이어갔다.

"아, 그랬군요."

김종희는 대체 대통령이 무슨 말을 하려는지 속으로 여간 궁금한 게 아니었다.

"김 사장님을 부른 건 국가를 좀 살려보자는 이유에서입니다. 아시겠지만 지금 우리나라 대기업이 모두 정부가 추진하는 기간산업에 적극적으로 참여하고 있습니다. 한국화약에서도 하나를 맡아주셨으면 합니다."

"아, 기간산업이라면 저 역시 참여해야 한다고 생각하고 있었습니다. 그렇잖아도 회사 기획실에서 여러 분야의 사업을 검토하고 있습니다."

"그래요? 그럼 내가 아이디어를 하나 제공할까요? 화약회사니까 화학하고 관련 있는 펄프 분야가 어떨까 싶은데…."

박정희 대통령은 갑작스럽게 '볏짚 펄프 공장 건설'을 제안했다. 펄프는 주로 목재에서 뽑아낸 물질로 종이나 인조섬유 등을 만드는 데 쓰이는 원료다. 그 펄프 원료를 목재가 아닌 볏짚으로 만들어보라는 것이었다.

김종희는 대통령의 제안을 받고 고민에 빠졌다. 펄프 분야로의 진출은 나

쁘지 않다고 생각했지만, 볏짚을 이용한 펄프 사업은 그다지 사업성이 없어 보였다. 회사 내부의 반대도 만만치 않았다.

"사장님, 이 사업은 절대 안 됩니다. 사업성이 전혀 없습니다."

"이봐, 사업이란 게 다 돈을 버는 게 아니잖아…. 적어도 밑지지만 않으면 되지 않겠어? 다시 한번 검토해보게."

"다시 한 번 말씀드리지만 이 볏짚 펄프는 사업성도, 장래성도 없습니다."

김종희는 날로 고민이 깊어졌다. 대통령이 직접 나서서 제안한 것을 거절하려니 쉽지 않았다. 그럼에도 결단을 내려야 했다. 발전 가능성이 있는 사업이라면 당장 손해를 본다 해도 감수할 수 있었다. 그러나 장래성이 없는 사업이라는 판단이 들면 하루빨리 손을 떼는 게 옳았다.

"각하, 그간 자세히 검토해보았습니다만, 펄프 사업은 전망이 다소 어둡습니다. 왜냐하면 이 사업은 볏짚이란 원료의 한계와 운반 비용 등…."

"흠…."

박 대통령은 김종희의 말을 잠자코 듣기만 했다. 그런데 오히려 함께 있던 비서가 펄쩍 뛰며 노발대발하였다.

"이봐요, 김 사장님! 그래서 지금 못 하겠다는 겁니까? 당신, 사업하는 데 정부의 지원이 필요 없나본데…. 앞으로 정부를 상대로 사업할 생각은 하지도 마시오!"

김종희는 정부로부터 보복을 당하는구나 싶어 눈앞이 깜깜해지기 시작했다. 정부를 돕지 않으려는 게 아니라, 전망이 더 밝은 사업을 함께하자는 의도였는데 이를 몰라주니 가슴이 답답했다.

위기를 기회로

다음 날 아침, 우려하던 일이 터졌다.
"사장님, 큰일 났습니다. 감찰원에서 통보가 왔어요. 화약 원가계산서(상품의 제조, 판매 등에 들어간 돈의 거래 내역을 명확하게 하기 위해 작성하는 문서)를 제출하라고요."
'아… 결국 올 것이 왔구나.'
김종희는 못내 쓴웃음이 나왔다.
화약의 원가를 계산해 제출하라는 것은 아주 작은 꼬투리라도 잡아 회사에 타격을 주겠다는 의도였다. 그러나 그는 굴하지 않았다. 이미 예전에 부정축재 의혹을 받았을 때도 한 치의 티끌 없는 투명한 경영을 인정받은 데다, 더욱이 그 이후 독점기업(시장에서 한 분야를 모두 독점하여 공급하는 회사)이 범하기 쉬운 잘못을 미리 조심했기 때문이다.
김종희는 직원들에게 늘 이렇게 말했다.
"우리 한국화약은 본의 아니게 화약 독점기업이 되었기 때문에 스스로 조심해야 합니다. 특히 가격횡포, 수급파동, 서비스 부재를 주의해야 합니다. 우리는 이 세 가지 기본 원칙을 지킵시다. 첫째 적정가격 유지, 둘째 무제한 공급, 셋째 철저한 서비스입니다."
특히 가격을 매기는 부분은 더욱 조심했다. 국산 화약은 해외에서 수입해 오는 화약보다 비싸서는 안 되고, 특히 일본 화약의 가격보다는 싸야 했다. 김종희는 이러한 영업 방침이 화약 산업을 발전시키는 길이라 믿었다.

"사장님, 걱정하지 마십시오. 우리 원가계산서는 어디에 내놔도 자신 있습니다."

회계부장(회사의 재산이나 경제 활동 등을 일정한 계산 방법으로 기록하고 정보화하는 부서의 우두머리)은 이미 선진화된 원가계산 양식을 구해 그에 맞춰 공정별로 철저하게 거래 내역을 관리하고 있었기에 자신만만한 모습이었다.

그러나 조사를 받는 과정이 쉽지만은 않았다. 원가계산서를 요구했던 정부에서는 전문조사단을 구성해서 한국화약의 원가계산서를 검토하도록 했다.

그렇게 며칠에 걸친 조사가 끝났다. 한국화약은 회계상으로 완벽하다는 결과가 나왔다. 허점이 나오지 않자 이번에는 산업은행의 원가계산반으로 넘겨져 재조사되었다.

그러나 그곳에서도 마찬가지였다. 그러자 다시 대학교로, 또 대학원으로, 마지막에는 한국생산성본부(산업의 생산성을 높이기 위한 목적으로 설립된 특수법인)에까지 넘겨졌다. 그러나 단 한 군데에서도 한국화약의 문제점을 찾지 못했다.

"기쁜 소식입니다! 어디서도 우리 원가계산서의 잘못을 잡아내지 못했답니다. 당연한 일이지요. 사장님이 어떻게 지시를 하셨는데…. 사장님, 오히려 이번 조사를 통해 우리 한국화약 제품의 가격이 외국과 비교해서 단연 싸고, 또 품질이 좋다는 것만 입증됐습니다. 하하하!"

위기가 기회가 된 셈이었다. 이로써 한국화약은 또 한 번의 위기를 넘겼고, 이산화티탄, PVC, 합성수지 등을 연구하며 사업을 폭발적으로 넓혀갔다.

경부고속도로를 지원하다

그렇게 얼마쯤 시간이 흘렀을까. 1967년 청와대로부터 다시 연락이 왔다. 박 대통령이 한 시간 뒤에 인천 화약 공장을 둘러보러 온다는 내용이었다. 김종희는 갑작스러운 소식에 급히 인천으로 향했다.

그리고 얼마 뒤 검은색 차량이 공장에 들어섰다.

"각하! 어서 오십시오."

"오랜만이오. 이곳에 대한 김 사장님의 간략한 설명을 좀 들을 수 있을까요?"

미리 준비한 것은 없었지만 김종희는 당황하지 않았다. 이미 손바닥 보듯 공장의 사정을 훤히 알고 있었기 때문이다. 김종희는 공장 건설에 관한 이야기에서부터 화약 생산량, 화약이 만들어지는 과정 등 일사천리로 설명을 이어갔다. 그의 설명을 유심히 듣던 대통령이 갑자기 이러한 말을 꺼냈다.

"김 사장님, 학교는 어디 나왔습니까?"

"그게… 상업학교까지밖에 못 나왔습니다."

"음… 김 사장님을 보니 학교 다닐 때 참 공부를 잘하셨을 것 같습니다. 그나저나 우리나라에서는 이젠 화약을 수입 안 하지요?"

"일반산업용 화약은 수입하지 않지만 일부 특수화약은 지금도 수입하고 있습니다. 워낙 필요로 하는 곳이 적고, 또 생산원가가 매우 비싸서 만들지 않습니다."

"그렇군요. 듣자 하니 외국 제품보다 화약 가격이 더 싸다는 말을 들었는데….”

"맞습니다. 우리나라 산업 현실에 맞춰 가격을 매기고 있습니다. 그래야 우리나라 산업계도 살고 저희도 함께 살 수 있으니까요.”

"그거 맞는 말입니다. 그나저나 김 사장님! 지난해 대통령 선거 때 내가 경부고속도로 건설을 공약으로 내세웠습니다. 그 사업을 곧 착수하려고 하는데, 고속도로 공사하다가 화약이 떨어져서 공사 중단한다는 소리 안 나오게 할 자신 있어요?”

박 대통령은 생각지도 않은 제안을 툭 던졌다. 그것도 나라에서 주도하는 경부고속도로 건설에 사용될 화약을 전부 한국화약에 맡기겠다는 파격적인 제안이었다. 더 이상 생각할 것도 없었다. 이미 한국화약의 생산력과 기술력은 안정화되었기 때문에 충분히 할 수 있는 일이었다.

"각하, 자신 있습니다! 저희 공장 제조시설에서는 연간 1만 8,000톤의 화약을 생산할 수 있습니다. 그 양이면 22.5킬로그램짜리 다이너마이트 80만 5,300상자입니다. 저희 공장의 시설을 모두 합하면 일본의 5대 화약 공장이 생산하는 총량의 38퍼센트에 해당합니다. 충분히 공급할 수 있습니다!”

"시원시원하니 좋습니다. 잘됐습니다! 다이너마이트 김, 한번 해봅시다!”

김종희의 한국화약은 어지러운 나라 사정 속에서, 때로는 부드럽게 때로는 대쪽 같이 대처하며 화약 산업의 대부로 성장했다.

특히 정부가 추진하는 사업의 제일선에 서서 나라를 재건하는 일에 한국화약이 했던 역할은 대단히 컸다. 도로 곳곳에 한국화약의 화약이 쓰이지 않은 곳이 없을 정도였다.

그에 따라 한국화약주식회사의 매출은 나날이 늘어났다. 더불어 나라를 새롭게 건설하는 데 중요한 한 부분을 담당한다는 자부심도 함께 커졌다.

김종희의
성공법칙

99퍼센트가 아닌 100퍼센트 정확하게 하라!

"모든 화약인은 정직하다. 약속된 시간에 약속된 장소에서 반드시 폭발하는 화약처럼."

이것은 김종희가 입버릇처럼 늘 하던 말이었습니다. 또 그는 직원들에게 "99퍼센트도 안 된다. 100퍼센트 정확해야 한다"라고 늘 말했죠. 김종희는 화약인으로서 가져야 할 마음가짐 중 가장 중요한 것으로 '정확함'을 꼽았습니다. 특히 그는 느긋하고 애매한 태도를 아주 싫어했습니다.

그 스스로도 직원들에게 애매한 태도를 보이지 않으려 애썼습니다. 할 것인지 하지 않을 것인지, 또 더 나아갈 것인지 손을 뗄 것인지 매 순간 결단력 있게 판단하며 행동하려고 노력했습니다. 정확한 판단을 하기 위해 김종희는 결정하기에 앞서 무수히 생각하고 따져보는 훈련을 했습니다.

"여러분, 우리 화약인들은 100퍼센트의 정확성을 추구해야 합니다. 소소한 빈틈이라도 생기면 그것이 곧 폭발로 이어질 수 있어요. 화약인은 '정확'이 곧 '생명'입니다."

화약은 정해진 기준에서 조금이라도 어긋나면 큰 사고로 이어질 수 있는 것이었기에 과정 하나하나에 정확함이 반드시 필요했습니다. 그래서 폭약 시험을 할 때도 수십 번 수백 번의 모의실험을 거치며 시험해보도록 했고, 작업하는 이들에게는 정확한 기술과 안전 수칙을 반복해 강조했습니다. 김종희의 이러한 노력 덕분에 한국화약은 국내 최초 다이너마이트 생산을 성공적으로 앞당길 수 있었습니다.

무슨 일이든 100퍼센트 완벽하게 만든다는 것은 어쩌면 불가능한 것일지도 모릅니다. 하지만 완벽에 가깝도록 시도하고 노력하는 자세는 그 사람을 빛나게 만듭니다. 그리고 끝내는 성공이라는 고지에서 화려한 불꽃을 터트리게 만들지요. 여러분들도 100퍼센트 완벽에 도전하는 마음가짐으로 항상 최선을 다해보는 것이 어떨까요.

나라와 함께 크는 기업

'국가와 사회에 기여하자'
이것은 한국화약의 사훈이기도 했다.
국가와 사회에 기여하는 기업이 되어야만 국민이 행복하고
나라가 행복해질 수 있다는 그의 오랜 신념에서 나온 것이었다.

드림 3

미래를 내다보는 눈

미래를 위한 준비

"이봐 신 실장! 나랑 외국 좀 다녀옵시다."

"아니, 어디를 가십니까?"

"이번에 외국의 화학공업(화학적 원리를 응용해 벌이는 제조업으로 석유화학·화학비료·합성수지 공업 등이 있음) 업계를 둘러봐야겠어."

김종희는 본격적으로 사업 확장을 진행하고 있었다. 때문에 일본과 미국, 영국, 이탈리아, 서독, 프랑스 등을 돌아보고 화학공업업계에 대한 정보를 살피면서 사업 아이템을 얻어올 요량이었다.

그들이 제일 먼저 향한 곳은 미국의 '뒤퐁(Dupomt) 사'였다. 뒤퐁 사는 프랑스 이민자 뒤퐁이란 사람이 미국에 설립한 화학 회사였다. 처음에는 각종 화학약품을 만들다가 흑색화약(가장 오래전에 발명된 화약으로, 색깔이 검고 불이 잘 붙는 것이 특징임)을 비롯한 기타 폭발물, 합성수지와 플라스틱 합성섬유 등을 생산하며 세계적인 회사가 되었다.

"와, 말로만 듣던 뒤퐁 사가 여기로군!"

김종희의 눈이 휘둥그레졌다. 뒤퐁 사의 내부는 그 명성에 걸맞게 첨단 장비가 연구실마다 잘 갖춰져 있었다.

'음… 역시 세계적인 회사가 된 이유가 있었군. 이 넓은 연구 단지에, 연구원이 수천 명이나 있다니…. 최고의 위치에 있으면서도 끊임없이 연구하며 발전하는 저 자세를 배워야 한다.'

김종희는 해외의 우수한 회사들을 돌아보며 커다란 자극을 받았다. 특히 회사가 발전하기 위해서는 연구 분야에 과감히 투자해야 한다는 것을 절실하게 느꼈다.

해외 시찰(두루 돌아다니며 현장의 사정을 살핌)을 마치고 돌아온 그는 바로 기획실장을 불렀다.

"우리도 생산을 좀 더 효율적으로 하기 위해서는 기계 설비를 최신식으로 바꿔야 합니다. 날화기(물질을 넣어 혼합시켜 반죽하는 기계) 2대를 추가로 설치하고, 날화기 가마 12대도 모두 바꿉시다. 그리고 TNT 분쇄공장을 새롭게 만들고 자동화 작업을 할 수 있는 기계들을 새로 들여오세요. 그리고 이 책을 한번 읽어보세요."

김종희가 내민 것은 《석유화학의 장래》라는 책이었다.

"사장님, 그렇지만… 지금 이건 저희의 실정과 맞지 않습니다. 석유화학이라면 원유나 천연가스를 원료로 화학제품을 만드는 건데, 기름 한 방울도 나지 않는 우리나라에서 아무도 시도한 적 없는 석유화학 사업이라니요…. 조금 무리인 것 같습니다."

"기술이야 선진국에서 사오면 되고, 원료 문제도 걱정할 게 없어요. 앞으로 미래를 내다보면 머지않아 우리나라에도 정유 공장이 서는 날이 올 텐데 무슨 걱정입니까? 가만히 손 놓고 있을 것이 아니라, 시시때때로 변화하는 세상에 대비해야 한단 말입니다. 일단 이 책을 한번 읽어보세요. 장차 석유화학이 사람들의 기본적인 의식주 외에 문화까지 지배하는 시대가 올 겁니다."

그는 책을 통해 새로운 시대의 흐름을 감지하며 한국화약이 어떤 사업을 펼쳐나가야 할지 그려보곤 했다. 기획실장에게 건넨 《석유화학의 장래》라는 책은 김종희에게 하나의 사업 안내서이기도 했다. 석유화학 사업이 한국화약뿐만 아니라 나라가 함께 성장할 수 있는 사업이라는 확신이 생긴 것이다.

"글로벌 시장에서 살아남기 위해서는 미리미리 준비해야 합니다. 내가 뒤퐁 사에 가서 가장 인상적으로 봤던 건 부수히 많은 연구원들이었어요. 그러한 인력이야말로 원유와 천연가스 같은 천연자원보다 더 소중한 재산이 아닙니까? 우리도 회사의 미래를 이끌어갈 인재를 더 충원해야 합니다."

김종희는 미래를 대비하는 사업을 개발하고 그에 맞는 인재를 확보하는 데 심혈을 기울였다. 변화하는 시대에 발맞춰나가는 기업이 되고 싶었기 때문이다.

신한베어링을 살려라

회의실 안에서는 설왕설래(說往說來, 어떤 문제에 대해 서로 옳고 그름을 따지며 옥신각신함)가 한창 이어졌다. 한국화약이 '신한베어링공업주식회사'를 인수하느냐 마느냐에 관한 내용이었다.

신한베어링은 원래 일본의 3대 베어링 회사 중 하나인 '고요베어링'이 우리나라에 건설한 회사였다. 해방 이후에는 유병선이라는 사람이 공장을 인수해 경영해오고 있었다. 당시 국내에서 베어링을 만드는 회사는 신한베어링밖에 남아 있지 않았다.

베어링이란 기계가 회전할 때 잘 돌아갈 수 있도록 지지해주는 기계부품으로, 회전 기능을 갖는 모든 기계에는 빠지지 않고 들어갔다. 기계 형식에 따라 종류도 다양했고, 정밀하고 수준 높은 기술력을 필요로 했다.

그러나 그때까지 우리나라의 베어링 제조 기술은 뛰어나지 못했다. 우리 손으로 직접 베어링을 만들기 시작한 지 10년이 채 안 됐기 때문이다. 더군다나 신한베어링은 무리해서 최신 기계를 들여와 얼마 뒤 자금 사정이 매우 나빠졌다.

신한베어링의 사업이 급격히 어려워지자 김종희의 형인 김종철 의원을 통해 좀 도와달라는 연락이 왔다. 김종희는 형의 부름에 달려갔다.

"이봐 동생, 이 업체를 인수할 사람이 없으면 한국의 베어링 공장은 사실상 문 닫는 게 아닌가."

"그야 그렇지만… 너무 많은 자본(사업을 경영하는 데 쓰는 돈)을 끌어들였어

드림 3

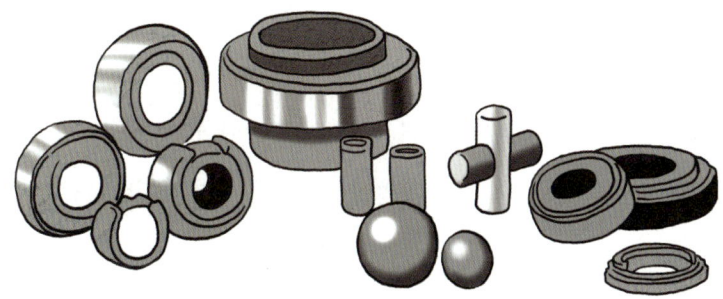

요. 지금 그 기업을 우리가 떠안으면 화약에서 번 돈을 모두 쏟아부어야 할지도 모릅니다."

"흠…."

김종희의 고민은 계속 이어졌다. 사업을 다양화할 생각에 예전부터 여러 가지 시도를 하고는 있었지만, 위험을 감수하면서까지 문제 있는 기업을 인수할 수는 없었다.

"저쪽에 대답을 줘야 할 텐데… 어떻게 하면 좋겠나?"

"휴, 형님. 맡을 수도 없고, 안 맡을 수도 없으니… 고민입니다. 사실 신한베어링은 국내에 마지막으로 남은 베어링 제조업체잖습니까. 또 베어링 같은 기계공업은 누군가는 꼭 해야 하는 사업인 것도 사실입니다만…. 기획실에서 검토한 바로는 그리 좋지 않아요."

"조사 결과가 어떤데?"

미래를 내다보는 눈

"우리가 나선다면 최소한 10년은 손해 볼 각오를 하고 투자해야 합니다."

김종희는 잠시 말을 끊고 무언가를 곰곰이 생각했다. 그러다가 책상을 '탁' 치는 소리와 함께 벌떡 일어났다.

"한번 해봅시다. 이미 20만 달러(당시의 2억 원)나 들여 새 기계까지 들여왔는데 신한베어링이 잘못되면 국가적으로도 큰 손해가 아닙니까? 그럴 수는 없지요."

쉽지 않은 결정이었다. 하지만 김종희는 나라의 근간이 되는 기계공업 분야에 과감히 투자를 하기로 마음먹었다.

'국가와 사회에 기여하자.'

이것은 한국화약의 사훈(社訓, 회사에서 사원이 지켜야 할 방침 또는 목표)이기도 했다. 보여주기 위해 급하게 만든 구호가 아닌, 김종희가 회사를 처음 운영했을 때부터 계속 이어온 그의 창업이념이었다. 국가와 사회에 기여하는 기업이 되어야만 국민과 나라가 행복해질 수 있다는 그의 오랜 신념에서 나온 것이었다.

그리하여 한국화약은 1963년이 저물어갈 즈음 신한베어링 주식을 60퍼센트 인수하였다.

다음 해 김종희는 신한베어링주식회사 대표이사에 취임했다. 이로써 한국화약은 설립한 지 12년 만에 화약 이외의 다른 업종에 도전하게 되었다.

신한베어링을 인수한 뒤 김종희는 기업의 이름을 '한국베어링주식회사'로 바꾸고 공격적인 투자를 이어갔다. 이후 생산 시설을 확장하고 철도차량용 베어링도 개발했다. 한쪽에서는 베어링 수출 사업도 진행했다.

그러나 적자는 계속 쌓여갔다. 알고 보니 베어링을 중간에서 판매하는 도매상의 농간(남을 속이거나 남의 일을 그르치려는 간사한 꾀) 때문이었다. 자기네 마음대로 물건을 쌓아놓고 팔지 않다가 나중에 값을 올려 파는 식으로 말도 안 되는 일을 벌이고 있었다.

"이제부터 전략을 바꿉시다. 대리점에 베어링을 팔아달라고 하지 마세요. 국내에서 베어링을 생산하는 곳도 우리뿐이니 6개월 동안 물건을 넘기지 않고 버티면 아마 아우성이 날 겁니다."

이른바 '배짱 튕기기' 영업 전략이었다. 전략은 성공이었다. 그의 말대로 그동안 잘못되었던 영업 방식이 바뀌기 시작했다. 대리점에서 앞다투어 물건을 사겠다 나서면서 한국베어링도 기사회생(起死回生, 죽을 뻔하다가 도로 살아남)하기 시작했다.

김종희의 발 빠른 전략 덕분에 그동안 적자만 냈던 한국베어링은 점차 흑자로 돌아서며 수익을 낼 수 있었다. 이후 한국베어링은 한국 기계공업의 명맥을 잇는 동시에 사업적으로도 차근차근 성장해갔다.

에너지 부흥국가를 꿈꾸며

석유화학 사업에 도전하다

"도대체 이게 무슨 계획서입니까? 뭘 하겠다는 겁니까?"

경제기획원(1961년 만들어진 중앙행정부서로, 국가경제발전을 위한 계획을 세우고 예산을 편성하는 등 국가경제정책에 관련된 일을 맡아서 하였음)의 사무관이 매우 마뜩지 않은 표정으로 계획서를 위아래로 훑어보며 말했다. 김종희는 굴욕감에 입술을 질끈 물었다.

"보면 모르겠습니까? 우리 한국화약에서 석유화학 사업을 하겠다는 거 아닙니까?"

"이런 사업계획서는 접수할 수 없습니다."

"1차 경제개발계획(국민경제를 발전시키기 위한 목적으로 정부에서 추진하였던 경제계획)에 PVC 공장 건설이 들어가 있지 않습니까?"

"그렇습니다만… PVC가 석유화학과 관련이 있나요?"

드림 3

　명색이 한국의 두뇌라 불리는 경제기획원 사람들이건만 사업 분야에 대한 정보가 너무도 없었다. 한국화약은 이미 김종희가 지시한 대로 석유화학 분야에 대한 사업성을 검토하고 있었다. 그 결과 PVC의 국산화가 우리나라 산업의 시급한 과제라는 것을 알 수 있었다.

　PVC는 폴리염화비닐의 약자로 플라스틱보다 좀 더 두꺼운 재질의 합성수지를 말한다. 우리나라에서는 초반에 간단한 주방 용기를 만드는 데 사용되었고 이후 점차 활용도가 다양해지면서 각종 상품 포장용기 및 농업용 필름 등에 PVC가 이용되었다. PVC는 우리의 생활 곳곳에서 많이 쓰였으나 당시 국내에서는 생산되지 않아 모두 수입에 의존하고 있는 상황이었다.

　김종희는 석유화학을 이용한 PVC 생산을 머릿속에서 그리며 사업계획을 세웠다. 또 다른 도전을 시작한 것이다. 우여곡절 끝에 한국화약의 사업계획서가 민원 서류를 통해 통과되었고, 금세 업계에 소문이 퍼지기 시작했다.

'한국화약이 석유화학 사업을 추진한다고? 그 사람들… 화약이 석유화학하고 같은 건 줄 알고 있구먼.'

'그 사람들 뭣도 모르고 뛰어드는 거 아냐? 석유화학이 한두 푼으로 되는 것도 아닌데!'

김종희의 귀에도 한국화약의 행보를 비판하는 소리가 들려왔다. 그러나 그런 것에 움찔할 그가 아니었다. 김종희는 그길로 경제기획원 장관을 찾아갔다. 우리나라가 왜 석유화학 사업을 해야 하는지에 대한 내용을 설명하기 위해서였다.

"장관님, 이제 우리나라도 석유화학 사업에 진출해야 합니다. 석유화학 공법을 이용한 PVC를 생산하는 겁니다. 우리 기업만 살자는 게 아니라 국익 차원에서 드리는 말씀입니다."

"알겠습니다. 하지만, 정말 꼭 필요한 사업인지, 실현 가능한 것인지 먼저 타당성을 조사하도록 하겠습니다. 그것만 인정되면 정부에서도 적극 밀어드리겠습니다."

그리고 6개월이 흘렀다. 정부는 미국의 한 회사를 통해 한국화약의 사업 타당성 조사를 의뢰했다. 그러나 결과는 좋지 않았다. 석유화학을 이용한 PVC 사업은 시기상조(時機尙早, 어떤 일을 하기에 아직 때가 이름)라는 것이다.

김종희는 물론 직원들도 실망을 감추지 못했다. 그들이 결정적으로 꼽은 이유 중 하나는 우리나라의 석유 생산량이 터무니없이 부족하다는 것이었다. 당시 정유 공장은 울산의 한 곳뿐이었다. 그마저도 가동하기 시작한 지 1년이 조금 지난 때였다.

"사장님, 실망하기에는 아직 이릅니다. 제가 알아보니 2차 경제개발계획에 '제2정유공장'을 건설하는 계획이 검토되고 있다고 합니다."

"제2정유공장?"

회사 직원 중 한 사람이 경제개발계획 선정 작업에 참여하게 돼 그곳에서 얻은 귀중한 정보를 귀띔해준 것이었다.

김종희는 다시 희망을 가졌다. 한국화약은 한창 석유화학 콤비나트(원료부터 제품 생산에 이르기까지 기술적으로 연관되어 있는 기업 또는 공장이 유기적으로 연결되어 있는 것)를 계획하고 있었으므로, 제2정유공장은 당연히 한국화약이 맡아야 한다고 김종희는 생각했다.

한국화약은 이후 본격적으로 정유 산업에 도전했다. 비록 국가 경제개발계획에 선택되지는 못했지만 소신껏 밀어붙였다.

김종희는 우선 석유화학 진출의 1단계를 PVC 공장 건설로 정한 뒤 '한국화성공업주식회사'를 설립했다.

그 다음에는 정유 공장을 함께 이끌어갈 파트너를 찾아야 했다.

"마지막 승부는 누가 더 유리한 합작(둘 이상의 기업이 공동으로 투자하여 기업을 경영함. 또는 그런 기업 형태)을 맺느냐에 달려있어!"

그러는 사이 김종희는 전부터 좋은 관계를 맺어오던 일본의 '미쓰비시쇼지'라는 회사를 통해 PVC 공장 건설에 대한 차관(한 나라의 정부나 기업, 은행 따위가 외국 정부나 공적 기관으로부터 자금을 빌려 옴. 또는 그 자금)을 약속받은 뒤 경제기획원에 정식으로 차관을 신청했다.

한국화약의 이러한 적극적인 행동에 정부는 다소 당혹스러워했다. 국내 민간 기업이 먼저 나서서 차관 승인을 신청한 일은 처음이었기 때문이다.

그러는 사이 기다리던 제2정유공장 건설에 대한 공고가 나왔다.

"공고 기간이 한 달밖에 안 남았습니다. 일정이 너무 촉박합니다."

"그래도 가만 앉아 있을 수는 없지. 공고 내용대로 완벽하게 준비해놓게."

제2정유공장 공고는 당시 큰 화제를 불러왔다. 내로라하는 국내 기업들의 관심이 전부 집중되었다. '누가 경제계의 선두 주자가 되느냐' 하는 기업의 운명이 걸린 문제였기 때문이다.

공고 신청을 하루 앞둔 날이었다. 입찰에 필요한 서류를 준비하던 직원은 목이 빠지게 사장을 기다리고 있었다. 일본으로 출장을 갔던 김종희가 가까스로 귀국했다.

"사장님, 이제 어떻게 자금을 마련할 것인지에 대한 계획만 첨부하면 됩니다. 어떻게… 합작 문제는 잘 되었습니까?"

"고무줄처럼 밀고 당기면서 실랑이를 벌이다 어젯밤 10시에서야 겨우 사인했네. 자, 스켈리 사와의 합작 계약서네."

"네? 스켈리오일이요?"

미국의 '스켈리오일'은 한국 경제계에도 잘 알려진 회사로 한국의 제4비료공장의 지분도 가지고 있었다. 김종희가 일본 출장 중에 스켈리오일의 사람과 만나게 된 것은 놀라운 우연이었다.

김종희는 원래 다른 석유 회사와 접촉을 시도했으나 조건이 맞지 않아 실망하고 있었다. 그런데 같은 호텔에 투숙한 '플루어'라는 건설사의 부사장 디이너 씨와 우연히 만나게 되었다. 디이너 씨와 김종희는 전부터 잘 알고 지내던 사이였다. 디이너 씨는 실망한 김종희에게 스켈리오일의 영업담당 사장을 소개해주었고 그것이 인연이 된 것이다.

"사장님, 계약서를 보니까 조건도 무척 유리합니다."

"그거 조정하느라 꽤 힘들었네."

유리한 계약 조건을 위해 공모 마감을 하루 남겨둔 날까지 김종희는 밀고 당기는 협상을 벌인 것이다.

"이 정도면 우리가 굉장히 유리할 것 같습니다. 이번에 10개 업체가 공모에 입찰하는 걸로 아는데 해볼 만합니다."

"그렇지? 한번 해봅시다."

오랜 꿈인 석유화학 사업 진출을 눈앞에 두고 있었다. 한국화약은 모든 준비를 끝마치고 제2정유공장이 어디로 정해질 것인지를 기다렸다.

집념의 에너지 사업

김종희의 집에 직원들의 웃음소리가 가득했다. 집은 축제의 장으로 변했고 직원들도 오랜만에 작업복을 벗어던진 채 휴식을 만끽했다. 마침 생일을 맞은 김종희가 직원들 앞에 섰다.

"여러분, 접니다! 그동안 참 수고 많으셨습니다. 한국화약이 이렇게 발전할 수 있었던 것은 모두 여러분 덕분입니다. 정말 고맙습니다!"

김종희는 목소리를 가다듬고 말을 이었다.

"우리는 그동안 함께 참 많은 것을 이루어냈습니다. 그런데 제가 여러분께 또 한 가지 부탁드리고 싶은 게 있습니다. 우리가 앞으로 가려고 하는 길은 지금까지 걸어왔던 것보다 더 힘든 길일 수도 있습니다. 하지만 여러분, 쉽게 포기하지 마세요. 우리가 하고자 했던 일이 뜻대로 안 되더라도 실망하거나 쉽게 좌절해선 안 됩니다. 어떤 장애물이 있더라도 담대한 마음가짐으로 우리가 세운 원대한 목표를 바라보며 힘차게 나아갑시다. 내가 왜 이런 말을 하느냐면, 제2정유공장이 다른 회사로 결정될지도 모르기 때문입니다. 그래도 실망하지 마세요. 우리에게는 제3정유공장도 있을 테니, 좌절하지 말고 또다시 도전합시다!"

김종희의 말이 끝나자 몇몇 눈치 빠른 직원들은 짧은 연설 속에 담긴 김종희의 의중을 파악했다.

사실 김종희는 이미 이틀 전, 장관을 통해 제2정유공장이 다른 곳으로 정해졌다는 통보를 받은 뒤였다.

"이번 정유 공장은 한국화약이 양보해야겠습니다."

"아니, 양보라니… 무슨 결정이 났단 말입니까?"

"소문을 들어 알겠지만, 미국의 칼텍스 사가 정부에 백지위임장(위임장의 일부를 비워두고 위임을 받은 사람이 원하는 대로 내용을 채우도록 하는 위임장)을 내고 갔어요. 모든 조건을 수락할 용의가 있으니 정유 공장을 지을 기회를 달라고 말입니다. 그러곤 다시 파격적인 조건을 내걸었습니다."

"무슨 말씀입니까?"

"파격적인 조건으로 차관을 주겠다는 겁니다. 연 이자 5.25퍼센트에 5년 뒤부터 12년간 나눠 갚도록 해주겠다는….”

5년 동안 싼 이자만 받고, 이후 12년 동안 돈을 나눠서 갚아도 된다는 조건이었다. 김종희도 더 이상 할 말이 없었다. 누가 봐도 그 이상 좋은 조건은 없었다. 그는 몹시 씁쓸했다.

"장관님, 이건 분명히 반칙입니다."

"알아요. 그러니 김 사장님의 이해를 구하는 겁니다. 칼텍스만 아니면 한국화약이 제일 유리했는데…. 그렇지만 정부의 입장에서는 그쪽이 훨씬 이익이니까 저희도 어쩔 수 없습니다."

결국 제2정유공장은 한국화약과 멀어졌다.

자신도 몹시 실망했지만 김종희는 직원들의 사기가 떨어질까 봐 앞에서는 내색하지 않았다. 그리고 원래 계획대로 진해의 공장 터를 사들이고 PVC 공장 건설을 추진했다. 정부의 도움 없이도 석유화학 사업을 시작해 보겠다는 의지였다.

경인에너지의 설립

그러는 사이 정부는 1967년 11월 27일, 민간 화력발전소(석탄, 석유 등을 태워 얻은 열로 증기를 만들고 그것을 이용해 발전기를 돌려 전기를 생산하는 발전소) 건설계획을 확정하여 발표했다. 국내에서 사용되는 전력이 크게 부족했던 탓이다.

당시 우리나라는 전국에서 사용되는 전력의 양을 충당하지 못해 매우 심각한 전력 부족 현상을 겪고 있었다. 정부로서는 당장 비상 대책을 세워야 했다.

화력발전소 건설계획 발표를 보던 김종희는 새로운 아이디어를 떠올렸다.
'그래! 전력은 산업 발전의 원동력이다. 우리는 어쨌든 정유 공장을 세우려 했으니 먼저 화력발전소를 짓는 것도 하나의 방법이야. 화력발전소를 짓고 그곳에 필요한 연료인 방카C유를 직접 생산할 수 있다면, 석유화학 사업과 전력 사업을 함께 운영할 수 있어 일석이조가 아니겠는가!'

김종희는 그길로 홍콩으로 향했다. 미국의 '유니온오일' 부사장과 만나기로 했기 때문이다. 유니온오일은 해외 투자를 한 번도 한 적이 없는 회사였다. 하지만 '한국에 화력발전소와 병행하는 간이 정유 공장을 건설하자'라는 제안에는 관심을 보였다. 출발이 좋았다.

"좋습니다. 일단 정부의 승인이 나면 다시 구체적으로 의논합시다."

김종희는 화력발전소를 짓겠다는 계획을 구체적으로 세우고 공장을 지을 장소를 찾았다. 장소로는 인천이 제격이었다. 인천은 부산과 함께 국제 항구로 발전할 가능성이 있고 각종 물류가 모이는 곳이었기 때문이다.

김종희는 제2정유공장으로 입찰에 대한 경험이 있었으므로 발전소 사업을 추진하기에 더욱 수월했다.

한국화약은 우선 '경인전력개발'이라는 이름으로 외국인 투자 승인 신청서를 제출했다. 그리고 얼마 뒤 한국화약에게 화력발전소 사업 승인이 떨어졌다.

드림 3

하지만 발전소를 짓는 과정은 순탄치 않았다. 제2정유공장으로 선정된 칼텍스가 반기를 든 것이다. 그들은 화력발전소와 함께 건설하는 간이 정유 공장이 결국 제3의 정유 시설이 되는 게 아니냐며 불만을 터뜨렸다. 인천에 공장을 짓는 것도 문제 삼았다. 국내의 가장 큰 석유 시장이 되고 있는 경인 지역에 왜 발전소를 세우냐는 트집이었다.

그들의 불만을 어느 정도 이해한 김종희는 조건을 하나 붙였다. 간이 정유 공장에서 생산되는 모든 벙커C유는 발전소에만 공급하되 남은 기름과 부산물(생산 과정에서 더불어 생기는 물건) 일체는 전부 수출한다는 조건이었다.

김종희는 회사의 이름을 '경인에너지'라고 정식으로 정한 뒤 1969년 2월 19일, 인천 원창동의 허허벌판 위에서 경인에너지 건설을 위한 첫 삽을 떴다. 경인에너지 건설 사업은 국내 최대의 민간 프로젝트였다. 기공식(건물 또는 공장 따위의 공사를 시작할 때 하는 의식)은 라디오로도 중계되며 전국적으로 큰 화제가 되었다.

1971년 발전소가 지어지면서 경인에너지는 힘찬 발걸음을 내딛었다. 다행히 나중에 기름을 모두 수출해야 한다는 조건이 해제되면서 한국화약은 그토록 바라던 에너지 사업 진출을 이루었다.

이후 경인에너지는 '석유 산업의 신시대를 개척하는 경인에너지'라는 표어를 내걸고 본격적인 판촉 활동을 벌였다.

김종희는 고진감래(高盡甘來, 쓴 것이 다하면 단 것이 온다는 뜻으로, 고생 끝에 즐거움이 온다는 것을 이르는 말) 끝에 에너지 사업을 시작하며 뚝심 있는 행보를 이어갔다.

골칫덩이 산업

농가를 살려라

'울 밑에 선 봉선화야~ 네 모습이 처량하다~'

평소 시간이 나면 김종희는 건반을 두드리며 좋아하는 노래를 부르곤 했다. 마음이 언짢을 때는 정성을 다해 먹을 갈면서 마음을 달랬다.

한국화약그룹의 회장이 된 김종희는 사업이 번창한다고 하여 으스대지 않았다. 늘 소탈하고 평범하게 생활했다.

"따르릉~"

잠시 휴식을 취하고 있던 김종희는 시끄럽게 울리는 전화벨 소리에 몸을 일으켰다. 수화기를 드니 농림장관실이라는 대답이 들렸다. 아무리 생각해도 자신과 농림부는 관련이 없었기 때문에 김종희는 잘못 걸려온 전화인 줄 알고 전화를 끊으려 했다. 그때 농림부 장관이 전화를 바꿔 받았다.

"김 회장님, 저 농림부 장관입니다. 한번 뵈었으면 합니다."

이상한 일이다 싶었지만 김종희는 일단 농림부로 찾아갔다. 김보현 장관은 반색하며 그를 맞았다.

"김 회장님은 아이스크림에 대해 어떻게 생각하십니까?"

"네에? 아이들이 잘 먹는 것 아닙니까. 아… 아이스크림 공장 얘기군요?"

"공장에서는 아이스크림만 만드는 게 아니고 생우유도 가공합니다."

"네, 알고 있습니다. 그런데 그 얘기는 왜…."

"김 회장님께서 좀 도와주십쇼. 전국의 낙농가를 돕는다는 생각으로 도농리 아이스크림 공장을 좀 맡아주세요. 지금 농가의 우유가 남아돌아서 야단입니다."

다짜고짜 아이스크림 공장을 맡아달라는 부탁에 김종희는 난감했다.

당시 정부에서는 적극적으로 낙농 정책을 펴고 있었다. 하지만 나라가 워낙 가난했던 때라 국민들의 생활 형편이 우유를 마실 만큼 되지 못했고 남는 우유는 버려졌다.

그러던 차에 아이스크림 사업을 하던 한 사업가가 유제품 가공 공장인 '대일유업'을 설립했다. 매일 생우유 25톤 내지 30톤을 처리할 수 있게 되어 여간 다행이 아니었다. 대일유업은 그간 아이스크림 원액을 공급하던 미국의 '퍼모스트 멕킨스 사'와 기술계약도 맺고 돈도 빌려 제조 시설을 주문한 상태였다.

그런데 문제가 터졌다. 대일유업 재정의 근원이던 베트남(월남)에서의 아이스크림 장사에 문제가 생긴 것이다. 장사가 안되면서 자금 사정이 급격히 나빠졌고, 이에 어쩔 수 없이 회사를 도울 파트너를 찾아나선 것이었다.

하지만 김종희는 '먹는 장사'는 할 수 없다며 예전에도 한 번 들어왔던 제안을 단칼에 거절한 바 있었다.

그런데 이번에는 농림부장관까지 나서서 축산농가를 살려달라며 부탁을 하니 김종희의 마음이 조금씩 약해지기 시작했다.

"도농리 공장만 완공돼도 최소한 젖소 4,000마리에서 나오는 생우유를 처리할 수 있습니다. 김 회장님, 그 수면 1,000가구 이상을 도울 수 있습니다. 모두 영세 농가들 아닙니까? 낙농가, 아니 우리 국가를 돕는다는 마음으로 어떻게 좀 안 되겠습니까?"

"알겠습니다. 검토해보겠습니다."

이미 두 번씩이나 부탁을 받은 일이었기에 더 이상 거절하기도 힘든 상황이었다. 김종희는 결국 제안을 받아들였다.

아이스크림 장사로 돈을 벌겠다는 생각은 아예 하지도 않았다. 그저 조금이라도 농가를 도울 수 있다면 좋겠다는 마음으로 우선 급한 비용을 지원해주었다.

그런데도 대일유업의 사정은 나아지지 않았다. 김종희는 결국 울며 겨자 먹기로 대일유업을 인수하고 도농리 아이스크림 공장 건설까지 떠맡았다.

'그래, 이왕 시작한 거 한번 해보자.'

1973년, 김종희는 본격적으로 공장을 운영하며 아이스크림 생산을 시작했다. 처음 도전하는 식품 사업이었지만 다른 분야와 다르다는 생각은 하지 않았다. 그저 정직하게, 소비자의 입장에 서서 제품을 만들면 성공할 것이라고 생각했다.

그 후 김종희가 이끄는 대일유업은 '전천후 영양식', '주고 싶은 마음, 먹고 싶은 마음'이라는 표어와 함께 '퍼모스트 아이스크림'을 내놓았다.

퍼모스트 아이스크림은 기존에 있던 설탕물을 얼린 빙과와는 매우 달랐다. 싱싱한 우유에 딸기, 초콜렛, 바나나와 같은 과일을 섞어 만든 제대로 된 아이스크림이었다. 퍼모스트 아이스크림은 세상에 나오자마자 단번에 사람들의 입맛을 사로잡았다.

"우와, 아이스크림이 날개 돋친 듯 팔리고 있습니다."

김종희는 그제야 웃음을 보였다. 처음에 그는 소비재 장사, 즉 먹고 없어지는 제품을 생산하는 것에 대한 부담이 있었다. 하지만 낙농가를 도우면서 예상외의 좋은 결과까지 얻으니 매우 뿌듯했다.

"사장님, 이제 퍼모스트와의 기술 제휴 기간이 끝나갑니다. 계약을 어떻게 할까요?"

"굳이 외국에 의지하지 않아도 우리 기술로 아이스크림을 만들 수 있지 않겠어? 이제는 우리 상표를 달아서 생산해보자고!"

대일유업은 회사의 이름을 '웃는다'는 의미로 '빙그레'라고 바꾼 뒤 생우유를 가공한 다양한 제품들을 생산했다. 김종희는 아주 세련되지는 않았지만 정직하게 만들어진 빙그레의 아이스크림을 맛보며 빙그레 웃었다.

이후 빙그레는 많은 이들의 사랑을 받아 두 번째 공장까지 세우며 나날이 발전해갔다. 김종희는 이를 보며 쓰러져가는 우리의 낙농가를 조금이나마 도왔다는 자부심을 느꼈다.

호텔을 지으라고?

"김 회장님, 호텔 사업이 어째서 밥장사입니까? 외화를 벌어들이는 관광 사업이라고 생각하셔야지요."

"아, 그래도 그게…."

양택식 서울시장을 만난 김종희는 난감했다. 호텔을 짓는 게 어떻겠냐는 제안 때문이었다. 호텔을 지어 나라의 이미지도 높이고 관광 수익도 얻으라는 것이다. 하지만 김종희는 섣불리 확답을 줄 수 없었다.

한국화약그룹이 한창 성장하고 있을 때였다. 한국화약은 서울 본사 건물이 있는 곳에 사무용 빌딩을 건설할 목적으로 주변의 땅을 확보하고 있었다.

그런데 뜻밖의 장애물을 만났다. 건물을 지으려고 봐둔 자리에는 재개발 계획 때문에 건물을 지을 수 없다는 것이었다.

"회장님, 서울시의 재개발 계획에 따르면 그 자리에는 대형관광호텔을 건설하도록 되어 있다고 합니다. 어떻게 할까요?"

"그래? 그럼 할 수 없지. 그 자리에 호텔을 지을 바엔 아예 땅을 파는 게 낫겠어. 내가 어쩌다가 아이스크림 장사는 하게 됐지만, 밥장사까지는 안 되지."

땅을 팔려고 내놨으나, 사겠다고 나서는 사람이 없었다. 워낙 장소가 서울시의 번화가 중에서도 번화가였기에 땅값이 비쌌다.

그렇게 땅을 팔지도 못하고 있던 때에 서울시장으로부터 연락이 온 것이었다. 양 시장은 김종희를 설득하려고 애를 썼다.

"김 회장님, 지금 우리나라에 들어오는 관광객들이 호텔 때문에 얼마나 불편을 겪고 있는지 아십니까? 제대로 된 숙박 시설이 없어 한국의 국가 이미지도 실추되고 나라의 체면이 말이 아닙니다."

"그렇긴 합니다만…. 관광 사업은 따로 맡아서 하는 전문가들이 있잖습니까?"

"지금 우리나라에서 관광 사업을 하는 사람 중에 그 자리에 호텔을 지을 만큼 능력이 있는 사람이 누가 있습니까? 김 회장님께서 서울에 새 얼굴을 하나 만든다는 생각으로 제대로 된 호텔을 하나 지어주십시오. 지금 그 자리는 김포공항에 내린 외국 손님들이 서소문 방향에서 시청 쪽으로 들어오면 바로 마주 보이는 곳이 아닙니까. 김 회장님, 나라를 위해 일한다고 생각하시고 다시 한 번 생각해주십시오."

사무실로 돌아온 김종희는 한참을 생각했다. 양 시장의 말도 일리가 있었다. 한창 경제개발을 위해 달려가는 시기에 나라를 대표하는 호텔 하나 변변치 않다는 건 창피한 일이었다. 그 일을 맡는 것도 보람 있어 보였다.

"그 땅 도로 거둬들이세요. 그 자리에 호텔을 지을 테니…. 이왕 짓는 거 세계에 내놔도 손색없는 일류 호텔을 지어봅시다!"

호텔을 짓겠다고 결심한 김종희는 마음이 바빠졌다. 일단 공사를 진행하는 일은 '삼환건설'이라는 곳에 맡겼다. 그런데 하루는 평소 친분이 두터운 삼환건설의 대표 최종환 사장이 그에게 한 가지 제안을 했다.

"김 회장, 그러지 말고 이번 기회에 건설 회사를 하나 만들면 어떻겠어? 그동안 공장을 지으면서 직영(특정 기관에서 직접 관리하고 경영하는 것) 건설사가 없어서 아쉬워했잖아."

"음…."

김종희 역시 건설 사업을 마음속에 두고 있었다. 앞으로 그룹이 더욱 발전하기 위해서는 건설 사업 분야가 꼭 필요했다.

김종희는 한국화약그룹 내에 건설 회사를 만들기로 결정하고 알아보러 나섰다. 그런데 이것도 쉽지 않았다. 건설 회사를 지으려면 정부의 허가가 필요했는데, 그동안 한국경제가 급속도로 발전하면서 워낙 건설 회사의 수가 많아진 탓에 정부에서 건설사 신규 면허를 내주지 않았다.

드림 3

"뭘 그리 걱정해? 당신만큼 정재계 인사들과 좋은 관계를 맺고 있는 사람이 어딨다고 말일세. 가서 부탁해보면 되지 않겠나?"

"그건 안 될 일이네. 난 지금까지 사업을 하면서 정치적 특혜는 절대 누리지 않았어. 그러한 혜택을 받는 순간 그 사업은 이미 지고 들어가는 거야. 절대 제대로 성공할 수 없단 말일세."

김종희는 다른 수를 생각해냈다. 우선 우리나라 690개의 건설 업체 중 533위에 속하는 '동원공업주식회사'의 토건업 단종면허를 사들였다. 이후 회사 이름은 '태평양건설주식회사(현 한화건설)'라고 짓고 건설 사업을 시작할 수 있었다. 이후 본격적인 '서울프라자호텔' 건설에 나섰다.

그리고 1973년 12월 7일, 서울프라자호텔 기공식이 열렸다. 150억 원의 예산을 투자하여 건설한 국내 제일의 최고급 호텔이었다. 이로써 한국화약 그룹은 기간산업부터 서비스업까지 사업의 범위를 성공적으로 넓히면서 창립 20주년을 향해 달려갔다.

이윤보다 국가를

　　　　　　　　　　　세계경제가 기름으로 인해 휘청이던 때였다. 일명 '오일 쇼크'가 일어난 것이다.

　아랍권을 수호한다는 구실을 내세운 석유수출기구(OPEC)가 이스라엘을 지지하는 나라에는 석유를 수출하지 않겠다며 단결했다. 이후 두 차례에 걸쳐 석유값을 4배나 올려 세계경제를 일시에 얼어붙게 만들었다.

　오일 쇼크는 한국경제 전반에 치명적인 영향을 끼쳤다. 또한 한국화약그룹의 주력기업인 경인에너지에도 심각한 손실을 입혔다.

　정부는 기름 가격을 82퍼센트나 올렸고 모든 생필품과 공산품 가격 역시 천정부지로 올랐다. 여기에 견디지 못한 중소기업은 하나둘씩 쓰러지며 문을 닫았다.

　오일 쇼크로 인한 이상 현상도 일어났다. 가정주부들은 비싼 생필품을 확보하겠다며 휴지를 사서 모아 두었고, 믿을 건 땅밖에 없다고 여긴 까닭인지 전국에 부동산 투기 열풍이 일었다. 모두가 일확천금을 꿈꾸는 이상 현상이 계속되니 기업들도 기술개발은 뒷전이고 부동산 투자에만 열을 올렸다.

　"회장님, 지금 같은 때에 하필 그 오지에 공장을 짓는다는 건 좀 무리가 아니겠습니까?"

　한국화약은 인천에 타일 공장을 짓기 위한 준비를 하고 있었다. 그러던 차에 오일 쇼크가 터진 것이다.

　김종희는 계획대로 타일 공장을 지으려고 했으나 직원들이 반대하고 나섰다. 경제가 호황일 때는 모르겠지만 하필 불황일 때, 인천에서도 자동차로 1시간 반은 들어가야 하는 왕길리에 공장을 세울 필요가 있겠냐는 것이다.

"그래, 지금 오일 쇼크 때문에 기업들이 어렵다는 거 잘 알고 있네. 그래도 어차피 정부가 새마을 공장(1970~1980년대 정부의 새마을 사업의 하나로 시작된 공장)을 추진하고 있는 마당에 우리도 그 뜻을 따라야 할 것 아니오? 좀 어려운 점이 있더라도 이왕 짓기로 했으니 계획대로 추진합시다. 우리가 그곳에 타일 공장을 세워서 그 지역 주민들이 덕분에 조금이라도 더 잘살게 되면 서로 좋은 거 아니겠습니까."

"그래도 회장님, 남 좋은 일만 시킬 수야 없잖습니까."

"이 공장은 밑지지만 않으면 된다고 생각하고 해봅시다."

김종희는 사업보국의 마음으로 1974년, 김포에 타일 공장인 '김포요업주식회사'를 세웠다.

타일 공장은 서울프라자호텔의 건축 자재를 검토하던 중에 떠올린 사업이었다. 호텔에 적합한 타일을 살펴보던 중 김종희는 내장재(건축물의 내부에 쓰이는 건축 재료)인 타일 공급이 부족하다는 사실을 알았다.

더욱이 알아보니, 국내보다 유럽과 미국에서 내장타일이 없어 부족한 상황이었다. 지금까지 타일을 제공하던 일본이 여러 가지 국가적인 문제로 역할을 하지 못해 제대로 공급되지 않았던 것이다.

이러한 사실을 알게 된 김종희는 좋은 기회라는 생각이 들었다. 하여 타일 공장에 대한 계획을 세운 것이었다.

이후 김포요업주식회사는 국가에서 추진하는 새마을 공장으로 지어진 뒤 내장타일을 생산했다. 타일의 기본 원료인 고령토를 남쪽에서 김포까지 운반하는 데 시간과 돈이 만만치 않게 들었지만, 타일 공장으로 인해 공장 인근의 지역경제가 살아나는 효과가 있었다. 또한 질 좋은 타일을 생산하여 국내외에 공급할 수 있으니 일석이조였다.

　당장의 이익이 내 주머니로 들어오지 않더라도 멀리 앞을 내다보고, 나라의 이익을 우선으로 한 김종희였기에 가능한 일들이었다.

김종희의
성공법칙

나무를 보지 말고 숲을 봐라!

　명언 중에 '나무를 보지 말고 숲을 봐라'라는 말이 있습니다. 산길을 다닐 때 눈앞에 놓인 나무만 보고 가다가는 길을 잃기 쉽습니다. 길을 잃었을 때는 한 발 물러서 숲을 바라보아야 합니다. 한 발 물러서 숲 전체를 보고자 했을 때야 비로소 산속 굽이굽이에 펼쳐진 길이 한눈에 들어오기 때문입니다.

　어떠한 일을 할 때도 마찬가지입니다. 눈앞의 나무보다 숲 전체를 봐야 더욱 현명한 선택을 할 수 있습니다. 어떤 사람들은 눈앞에 놓인 문제에 연연한 나머지 본래 해야 할 일을 소홀히 할 때가 있습니다.

　김종희는 멀리 숲을 바라보았기 때문에 자신의 눈앞에 있는 당장의 작은 이익에 연연하지 않았습니다. 대신 많은 이들의 이익을 생각하며 자신의 신념대로 가던 길을 갔지요. 한국화약그룹이 오랜 시간이 흘러도 여전히 굳건한 자리를 지킬 수 있었던 것은 자신만의 이익이 아닌 나라의 이익을 먼저 위한다는 기업 철학을 지켜왔기 때문입니다. 실제로 김종희는 한국화약그룹을 이끌어가면서 나라의 이익이 되지 않는 일이라면 절대 손을 대지 않았습니다.

　여러분들도 김종희처럼 때로는 한 발 물러서서 나무가 아닌 숲을 바라보며 큰 그림을 그려보는 것이 어떨까요?

2. 뚝심으로 그려간 비전의 지도

 꿈이 사람을 이끈다는 말이 있다. 또 스스로 만든 목표가 자신의 앞날을 결정한다는 말이 있다. 일제 치하에서 유년시절을 보내며 가난과 배고픔도 경험했지만 김종희에게는 지금보다 더 나은 삶, 대한민국 국민 모두가 행복하게 사는 세상에 대한 꿈과 희망이 있었다.

 아무도 거들떠보지 않던 화약 산업에 뛰어들었을 때도 화약계를 지키는 등대수가 되겠다는 뜨거운 애국심과 남다른 꿈이 있었기에 김종희가 이끈 한국화약그룹은 한국 경제사에 길이 남을 성장의 역사를 쓸 수 있었다.

 일생 동안 자신의 꿈을 향해 힘차게 달려간 김종희. 그의 인생은 전쟁의 아픔을 극복하고 당당히 선진국으로 우뚝 선 한국의 모습과 닮아 있다. 그 바탕에는 뚝심 있게 자신의 신념을 믿고 따라간 그의 비전의 지도가 있었다.

노력하는 전문가

김종희의 화약 사랑은 계속되었다.

그는 화약 생산에 필요한 모든 것들을

보고 듣고 배우기 위해 발 벗고 뛰었다.

그리고 어느덧 그는 화약에 대해서라면 모르는 게 없을 정도의

국내 제일의 전문가가 되어 있었다.

비전 1

공부에 목숨 걸다

아버지, 학교 보내주세유

"야, 김종희! 대갈장군, 어디 가냐?"

동네 친구들이 종희를 보고 한마디씩 건넸다.

남들보다 다소 머리가 컸던 종희는 '대갈장군'이라며 곧잘 친구들에게 놀림을 받았다. 하지만 김종희는 늘 기죽지 않고 오히려 싱글벙글 웃으며 대답했다.

"짜아식들, 학교 간다!"

그가 태어난 곳은 충청남도 천안군 부대리였다. 워낙 토질이 좋지 않아 농산물이 잘 자라지 않은 까닭에 부대리는 대대로 가난한 시골 마을이었다.

그런데 다른 마을과는 달리 부대리에는 특별한 학교가 있었다. '북일사립학교'라는 곳이었다. 영국에서 온 성공회(영국 국교회, 또는 영국 교회의 전통과 교리를 따르는 교회를 통틀어 이르는 말) 신부 세실 쿠퍼가 부대리 성당 옆에 신설한 두 칸짜리 학교였다.

　비록 아주 작은 학교였지만 어린 김종희는 이곳에서 공부하는 것을 매우 좋아했다. 특히 신학문을 배울 때면 다른 세상을 체험하는 듯했다.
　'우와, 세상은 정말 넓구나! 더 많은 것을 배우고 싶어!'
　하지만 가난하고 형제가 많은 집안의 둘째로 태어난 종희는 공부를 계속할 형편이 못 되었다. 아버지가 하던 장사를 실패하는 바람에 온 가족이 대전으로 살림을 옮기게 되자, 김종희는 더 이상 학교를 다닐 수 없었다. 공부의 꿈은 더 멀어지는 듯했다.
　"아버지, 저도 학교 가고 싶어요. 학교 보내주세유."
　"아이고, 조금 더 기다려보아라. 오늘도 비가 오는 바람에 물건을 못 팔았단다…."
　김종희는 속으로 갑갑했다. 그는 학교에서 신나게 신학문을 배우고 영국에서 오는 구호물자를 구경하며 세실 신부와 즐거웠던 때를 떠올렸다.

어느 날, 아버지의 사촌 동생인 봉서 아저씨가 찾아왔다. 아버지는 어릴 때부터 봉서 당숙을 무척 사랑하고 아꼈다. 봉서 당숙이 광산 사업에 빠져 집을 뛰쳐나갔을 때 사람들은 모두 그를 손가락질했지만 아버지는 아끼던 동생을 한결같이 걱정하며 기다렸다. 그러던 동생이 십수 년 만에 형님을 찾아온 것이다.

그는 사금광(사금을 캐는 광산)의 책임자가 되어 있었다.

"형님, 여기서 이러지 말고 제가 일하는 곳으로 함께 갑시다."

이후 김종희네 가족은 모두 봉서 당숙이 있는 상덕리로 이사를 갔다. 종희의 아버지가 당숙으로부터 일거리를 얻으면서 집의 형편은 좀 나아지는 듯했다. 종희도 '직산공립보통학교'에 입학하며 학교를 다시 다닐 수 있었다.

"와, 드디어 나도 학교에 다니는구나. 두고 봐. 내 열심히 공부할 테니!"

종희는 단단히 마음을 먹었다. 수십 리가 되는 거리를 걸어 다니면서도 불평 한마디 없이 착실히 학교 생활을 했다. 그토록 하고 싶던 공부를 할 수 있어 마냥 좋았다.

그런데 몇 년 뒤, 예기치 못한 일이 벌어졌다.

"종희야. 너 붙었냐, 떨어졌냐?"

"아부지. 흑, 저 떨어졌시유."

종희가 '경기공립상업학교'의 입학 시험에서 떨어진 것이다.

"그래? 괜찮다. 오히려 잘 됐지 뭐냐. 이제 착실하게 농사일이나 돕거라."

아버지는 종희의 말에 냉큼 농사나 지으라며 지게를 들이밀었다. 종희는 너무 당황스러웠다. 상급 학교에 진학하고 싶은 마음을 아버지가 모르지 않을 텐데, 냉큼 농사나 지으라고 하니 그 서운함이 더했다.

"아버지, 저 한 번만 더 해보면 안될까유? 이번에도 떨어지면 그땐 진짜 농사지을께유."

"내년까지 언제 기다리겠느냐? 농사일도 어릴 때 해야 몸에 배는 법이야. 공부는 네 형이 잘 하고 있으니 너는 나를 좀 돕거라."

"하지만…."

종희는 학구열을 멈출 수 없었다. 그는 아버지가 사준 지게를 우지끈 부러뜨린 뒤 그날 밤 가출을 결심했다. 목적지는 서울로 올라간 봉서 당숙네였다. 당숙이라면 자신의 처지를 잘 이해해주리라 생각한 것이다.

하지만 종희는 한 번도 서울에 가본 적이 없었다. 서울 땅에 도착하자 모든 것이 낯설었다. 시골에서 올라온 촌뜨기 종희는 무작정 주소를 들고 당숙의 집으로 찾아가 엎드렸다.

"흐흐흑, 당숙 도와주세요."

"허허… 요 녀석 좀 보게. 알았다. 하지만 우선은 당장 내려가서 아버지께 잘못했다고 빌어라. 내가 아버지를 설득해보마. 대신 1년 뒤에는 꼭 붙을 자신 있지?"

"네!"

다시 집으로 내려간 종희는 일단 '성환공립심상소학교'를 다니며 착실하게 시험 준비를 했다. 종희는 죽기 살기로 공부했다. 그리고 1년 뒤, 경기공립상업학교에 떡하니 붙었다.

"아니 설마설마했는데 정말 종희가 도상(경기공립상업학교)에 붙었다고? 거기 아무나 가는 데가 아닌데…."

"그러게! 들어가기 어렵다고 소문난 곳이 아닌가? 정말 장하고, 또 장하네 그려!"

김종희는 그토록 하고 싶던 공부를 하기 위해 끊임없이 도전했고, 간절히 원하던 학교를 다니는 데 성공했다.

정의감이 남다른 소년

"아버지 저 부탁이 있는데… 딱 6개월만 하숙하게 해주시면 안 될까요?"

"아니, 하숙에 드는 돈이 얼만데…."

"그래도 이번엔 꼭 1등을 해보고 싶단 말이에요. 집에서 학교까지 통학하는 데만 예닐곱 시간이 걸리니… 공부할 시간이 없어요. 제발 부탁드려요."

"아휴… 네 고집을 누가 꺾겠니? 그럼 딱 6개월만이다."

종희는 어렵게 허락받은 하숙 생활을 시작했다.

그는 그동안 학교에서 좋은 성적을 거두긴 했어도 1등을 해보지 못한 것이 못내 아쉬웠다. 아이들이 촌뜨기라 놀리는 건 상관없었지만, 1등을 해보지 못하는 건 매우 자존심이 상했다. 특히 김종희는 일본인 아이들 사이에서 공부로 뒤지고 싶지 않았다.

종희는 하숙집에 틀어박혀 거의 나오지 않고 공부에만 집중했다. 그리고 마침내 3학년 1학기 말 시험에서 반 1등을 차지했다.

"우리 종희가 드디어 1등을 했구나. 참 대단하고, 기특하다!"

강한 집념 끝에 결국 1등을 차지한 것을 보고 아버지도 혀를 내두르며 종희를 칭찬했다.

약속한 기간을 다한 뒤에도 종희는 다행히 봉서 당숙의 집에서 하숙하면서 공부에 집중할 수 있었다. 덕분에 종희는 다음 학기인 4학년 1학기에도 1등을 유지했다.

그런데 호사다마(好事多魔, 좋은 일 가운데에는 나쁜 일도 섞여 있음)라 했던가. 어느 날 갑자기 예상치 못한 사건이 터졌다.

종희가 한참 학교 생활을 즐겁게 보내던 4학년 2학기 때, 평소처럼 수업을 마치고 집으로 돌아가는 길이었다. 갑자기 골목 한쪽에서 옥신각신하는 소리가 들렸다.

"이 조센징들이!"

럭비부의 일본인 학생 네 명이 조선인 학생 세 명에게 굴욕적인 말을 하며 싸움을 걸고 있었다.

김종희는 평소 불의를 보면 참지 못하는 성격이었다. 그는 정의감에 불타 그들을 막아섰다.

"뭐하는 짓들이야?"

갑자기 조선인 학생 한 명이 끼어들자 그들이 잠시 주춤거렸다. 하지만 그들은 이내 힘을 쓰며 조선인 학생들을 밀어뜨렸다.

> 비전 1

"에잇~ 쾅!"

김종희는 싸움이 시작되자마자 박치기로 일본인 학생 둘을 쓰러뜨렸다. 그들을 혼내줬다는 기쁨도 잠시, 싸움을 했다는 사실이 결국 학교에까지 알려져 골치 아픈 상황이 되었다. 학교에서는 싸움에 가담한 여덟 명의 학생 모두를 퇴학시키려 했다. 싸움이 왜 일어났는지 묻지도 않은 채 말이다.

'아, 이를 어쩐다? 이제 어쩌지?'

종희에게는 마른하늘에 날벼락 같은 일이었다. 어렵사리 다니게 된 학교를 그만둬야 하는 상황이었다. 하지만 그는 싸움에 끼어든 걸 후회하지는 않았다. 다만 집안 어르신들을 뵐 낯이 없었다.

김종희는 한마디 억울함도 표현하지 못하고 퇴학 처분을 받은 뒤 터덜터덜 걸어 나왔다. 발걸음이 이끄는 대로 걷다 보니 어느새 '세검정(洗劍亭)'이라는 곳에 다다랐다.

'세검정? 검을 씻은 곳?'

세검정은 아주 오래전, 인조반정이라는 거사를 통해 새로운 왕을 등극시켰던 인물인 김류, 이귀 장군 등이 뜻을 하나로 모으며 검을 씻던 곳이었다. 우연히 찾은 곳이었지만 김종희는 왠지 어떤 힘이 그곳으로 자신을 이끈 것만 같았다. 그는 자신이 김류 장군의 후예라는 사실에 자랑스러워했다. 그는 마음을 다잡으며 생각했다.

'그래, 김류 공께서도 때를 기다렸다가 마침내 뜻을 이루셨지…. 나도 그 후예 아닌가. 그래, 때를 기다리자. 분명히 다시 길이 열릴 것이다.'

126 김종희처럼 국가 기간산업 개척에 평생을 바친 프런티어

조선은 이제 사라질 것이네

마음을 추스른 종희는 당숙에게로 향했다. 아무래도 누구보다 자신에게 길을 잘 안내해줄 것이라는 믿음 때문이었다. 종희로부터 자세한 사연을 들은 당숙은 고개 숙인 종희에게 말했다.

"그 정도 일로 맘 상할 것 없다. 내가 다른 학교를 알아볼 테니 걱정하지 말거라. 네가 그렇게 공부하고 싶어 했으니 또 길이 있겠지."

천만다행이었다. 당숙은 '원산공립상업학교'라는 학교에 자리를 마련해주었고, 곧바로 하숙할 곳까지도 알아봐주었다. 그런데 한 가지 문제가 있었다. 하숙집이 일본인 경찰서장의 집이라는 것이었다. 종희는 그 점이 마음에 걸렸지만 찬밥 더운밥 가릴 처지가 아니었다.

원산경찰서장인 고이께 경부의 집에서 하숙을 하게 된 종희는 착실하게 학교 생활을 이어갔다. 하지만 새로 옮긴 학교는 조선인 학생들이 대부분이었기 때문에 일본인 경찰서장 집에서 하숙하는 종희를 좋게 보지 않았다.

어떤 때에는 김종희에게 대놓고 '친일파'라 부르며 비난하기도 했다. 그럴 때면 종희는 맞서기보다 특유의 유머와 친근함으로 친구들에게 다가섰다. 물론 그가 어떻게 이 학교로 왔는지, 그 사정에 대해서는 입을 다물었다.

고이케 경부는 좋은 사람이었다. 일부 교활하고 질 낮은 일본인 경찰들과는 달리 합리적이었으며 근엄했고 자상했다. 종희는 고이케 경부를 통해 어깨너머로 많은 이야기를 들으며 세상이 돌아가는 흐름에 대해 듣곤 했다.

"이보게, 김 군! 나와 함께 식사를 하지 않겠나?"

"네, 좋습니다."

고이케 경부가 승진해 경성(지금의 서울)으로 올라가면서 두 사람은 마지막으로 식사를 하며 아쉬운 작별을 해야 했다. 종희는 아쉬우면서도 한편으로는 더 이상 친구들의 이상한 눈초리를 받지 않을 수 있어 다행이라는 생각을 했다.

"김 군, 나는 그간 자네를 특별히 지켜봐왔네. 자네는 좋은 체격만큼이나 머리도 명석한 것 같아. 그러나 자네가 생각하는 조선은 더 이상 존재하지 않을 걸세. 그러니 자네의 좋은 재능을 썩히지 말고 황국신민(일본제국의 백성, 일본이 자국민을 부르던 말)이 되어 꿈을 펼쳐보는 게 어떻겠나? 잘 생각해보게. 그럼, 언제가 될지 모르지만 또 봄세."

고이케 경부는 자신이 일본인이라는 데 대단한 자부심을 가지고 있는 사람이었다. 그는 종희를 위해 나름의 조언을 해준 것이었지만, 더 이상 조선은 존재하지 않을 것이란 말이 김종희에게는 몹시 충격적이었다. 그는 머리를 세차게 흔들었다.

'아니야, 아니야. 그건 말도 안 돼. 우리 조선이 사라지다니…. 그럴 일은 없을 거야.'

종희는 가슴 깊은 곳에서부터 끓어오르는 애국심을 느꼈다. 그는 일본인들의 말처럼 혹여 조선이 망할지라도 조선인으로서 끝까지 살아가리라 다짐했다.

고이케 경부의 집에서 나온 종희는 이제 여느 친구들과 다름없이 지내며 마지막 학창시절을 보냈다.

그런데 어쩐 일이지, 아무도 말하지 않았는데 종희의 과거에 대한 소문이 나돌았다.

"야, 김종희! 네가 도상에서 일본인 애들을 때려눕혔다며?"

"그리고 너 학교에서 1등만 했다며?"

"흐흐, 글쎄다. 너희들 좋을 대로 상상에 맡기마."

종희는 더 이상 아무 말도 하지 않았다. 자기 입으로 자신에 대해 떠들고 다니는 것만큼 어리석은 일도 없다고 여겼기 때문이다. 오로지 그의 머릿속에는 더 넓은 세상에 대한 호기심으로 가득 차 있었다.

사회생활에서 만난 꿈

화약과의 첫 만남

원산공립상업학교를 졸업한 김종희는 곧바로 사회인이 되었다.

당숙의 추천으로 서울 남대문에 있는 조선화약공판주식회사라는 곳에서 일을 하게 된 것이다. 일본이 전쟁에 필요한 화약을 만들기 위해 몇 개의 화약 회사를 통합해 만든 곳이었기에 회사의 규모가 무척 컸다.

화약에 대해 아무것도 모르고 입사한 김종희는 회사의 모든 환경이 낯설었다. 게다가 자신과 같은 조선인 직원이 다섯 명밖에 되지 않았고 모두 일본인들이어서 더욱 위축되었다. 그러나 워낙 붙임성 좋은 성격 덕에 김종희는 금세 적응하며 자신이 맡은 분야에서 성실히 일했다.

이제 갓 스무 살을 넘긴 김종희는 그때만 하더라도 사실 화약이 무엇인지, 어떻게 화약이 만들어지는지에 대한 관심이 별로 없었다. 그는 기회가 된다면 일본으로 건너가 공부를 더하고 싶은 마음뿐이었다.

비전 1

그러던 어느 날, 생산부 다이너마이트계 부장인 마쓰무로 씨가 그를 불렀다.

"이봐 김 군! 나랑 함께 공장에 가도록 하지."

"네!"

마쓰무로 부장은 당시 인천 화약 공장의 공장장을 지내기도 했으며, 조선공판이 생긴 뒤에는 부장으로 와 있었다. 그는 다른 일본인 상사들과 달리 김종희를 무척 아끼며 챙겨주었다. 조선공판에 있는 대부분의 일본인 화약 기술자들은 화약을 생산하는 데 가장 중요한 기술은 조선인들에게 알려주지 않았다.

그런데 마쓰무로 부장은 달랐다. 그는 일부러 김종희를 생산 시설이 있는 인천 화약 공장에 자주 데려갔다. 김종희는 그와 함께 다니면서부터 화약에 대한 관심이 조금씩 생기기 시작했다.

특히 엄청난 위력을 가진 다이너마이트를 현상에서 직접 본 김종희는 강한 인상을 받았다.

'대체 저것이 무엇이기에 저렇게 강한 폭발력을 가졌단 말인가? 일본인들은 어떻게 저런 물건을 만들 수 있지? 아, 우리에게도 저런 기술이 있으면 좋을 텐데….'

이러한 그의 마음의 변화를 눈치챘는지, 마쓰무로 부장은 김종희에게 시간이 날 때마다 다이너마이트에 대한 설명을 해주었다.

"김 군! 화약 회사에 다니면서 다이너마이트가 무엇인지는 알고 있어야 하지 않겠나? 다이너마이트를 최초로 발명한 사람은 노벨이라는 화학자였

네. 그는 여러 가지 실험을 하던 중 1866년에 엄청난 위력을 가진 화약을 만들었지."

김종희는 마쓰무로 부장이 들려주는 이야기를 흥미롭게 들었다.

그리고 김종희는 새로운 목표를 세웠다. 기왕 화약 회사에 들어왔으니 화약 전문가가 되어보자는 야무진 목표였다. 그날부터 그는 낮에는 회사 일을 하고 밤에는 화약에 대한 책을 읽으며 하루하루를 보냈다. 마침 마쓰무로 부장이 건네준 《화약입문》이라는 책이 화약의 원리와 역사를 공부하는 데 많은 도움이 되었다.

김종희는 책을 통해 어려운 화학 용어부터 익히기 시작했다.

'산화 현상? 그게 뭐지? 아, 성냥을 그으면 마찰로 인해 불이 나면서 빛과 열이 발생하는 것 같은 현상을 말하는군.'

그리고 화약이 어떤 원리로 폭발하게 되는지에 대해 알아갔다.

'공기 중의 여러 물질 가운데에는 염소산칼륨이나 질산칼륨같이 스스로 폭발이 가능한 물질이 있구나. 이러한 물질들에 화학 반응을 일으켜 강한 폭발력을 가질 수 있도록 만든 것이 바로 화약이고 말이야!'

그는 점점 화약의 세계에 빠져들기 시작했다.

'아, 그래서 화약이 위험한 것이로구나. 조금만 충격을 줘도 폭발할 수 있으니 그토록 조심히 다룬 이유가 여기 있었어!'

화약에 대한 지식이 점점 쌓여갈수록 그의 꿈은 한층 선명해져갔다. 그는 '아는 것이 힘'이라는 말을 믿으며 국내 제일의 화약 전문가가 되기 위해 쉼 없이 노력했다.

화약계를 지키는
등대수가 되어

얼마 뒤, 김종희는 조선인 직원으로서 다이너마이트계 계장으로 승진하였다. 누구보다 성실하게 일하며 노력했고, 또 화약에 대한 남다른 열정이 있었기 때문이었다.

그는 마쓰무로 부장과 더욱 친밀히 지내며 화약의 세계를 알아갔다.

"부장님, 왜 화약을 4대 발명품이라고 했을까요?"

"음, 화약이야말로 인류 문명에 획기적인 변화를 가져온 발명품이기 때문이지. 물론 바다를 항해할 수 있도록 도와준 나침반, 동양의 문화를 꽃피운 활자와 종이도 위대한 발명품이지만 화약도 그에 절대 뒤지지 않아."

"아, 그렇군요!"

"화약이 만들어진 뒤 우선 무기가 빌달했시 않나? 무기의 발달은 세계의 정치, 군사, 경제 등 모든 면을 바꾸어 놓았어. 특히 다이너마이트는 땅을 개발하고 산업을 발전시키는 데 많은 공헌을 했지. 하지만… 무기를 발달시켜 더욱 끔찍한 전쟁을 부추겼다는 부정적인 영향도 있지."

열정적으로 말을 이어가던 마쓰무로 부장의 얼굴빛이 갑자기 어두워졌다.

"부장님, 무슨 근심거리가 있으십니까?"

"요즘 같아선 걱정이 많네. 사람에게 도움을 주려고 발명한 다이너마이트가 온갖 전쟁의 무시무시한 무기로 사용되고 있지를 않은가? 일본만 해도 그렇지. 마치 전쟁 미치광이들 같지 않나."

"부장님은 다른 일본인들과는 생각이 조금 다르신 것 같습니다."

"일본인, 조선인을 떠나서 나는 화약 전문가로서 미래를 걱정하는 것이네."

심각한 표정으로 이어가는 마쓰무로 부장의 말을 김종희는 귀 기울여 들었다.

"김 군, 부디 화약에 대한 관심을 놓지 말게. 인류를 절망에 빠뜨린 것이 화약일 수 있으나, 인류의 역사를 발전시키는 것 또한 화약이야. 앞으로 조선이 일어나려면 누군가는 화약 산업을 지켜야 해."

마쓰무로 부장은 김종희가 품은 꿈에 불을 지펴주었다.

"김 군, 이론도 중요하지만 생산 현장을 파악하는 게 많은 도움이 될 걸세. 공장에서 어떻게 화약이 만들어지는지 잘 살펴보게."

이후 김종희는 화약 공장을 오가며 화약이 생산되는 과정을 꼼꼼히 지켜보았다. 훗날 이렇게 발로 뛴 경험과 밤새워 읽은 이론은 '화약장이' 김종희를 만드는 자양분이 되었다.

마쓰무로 부장은 일본이 전쟁에서 실패해 항복할 때까지 화약공판을 지키는 동시에 김종희에게 보다 큰 꿈을 불어넣어 주었다.

"나는 우리가 조선에 이루어 놓은 화약 산업이 사라지는 걸 원하지 않아. 그런데 지금 상황으로 볼 때 일본은 바람 앞의 등불이란 말이네. 우리 일본이 물러가면 조선의 화약계는 다시 암흑이 되지. 그러니 자네만이라도 화약계를 떠나지 말고 지켜주게나. 물론 화약 산업이 대단한 명예를 주는 것도, 돈을 주는 것도 아니지만, 반드시 필요한 분야라는 것을 자네도 잘 알고 있지 않나? 화약이 없으면 산업을 발전시킬 수도 없어."

비전 1

    마쓰무로 부장의 말에 김종희는 가슴이 뛰기 시작했다. 화약과 평생토록 함께 할 것이라는 결심을 이미 예전에 했지만, 그의 어깨에 조선의 미래라는 다소 벅찬 과제가 더해진 셈이었다.

    하지만 꿈은 사람의 가슴을 뛰게 만드는 활력소와 같았다. 어느덧 그에게는 비록 이루기 어려운 일일지라도 도전해 기꺼이 이겨낼 수 있겠다는 용기가 샘솟았다.

    그리고 김종희의 마음속에 어떤 그림이 그려지기 시작했다. 처음에는 화약에 대해 알고자 했던 마음이, 나중에는 화약 전문가가 되고자 하는 마음으로 커졌고, 이제는 그 지식과 경험을 통해 국가와 국민에게 공헌하는 삶을 살고 싶다는 꿈으로 발전된 것이다.

    '그래, 나는 조선인이다. 이 나라를 발전시키는 데 화약이 도움이 된다면, 나는 기꺼이 조국의 화약계를 지키는 등대수가 되겠어!'

    김종희는 사회생활에서 얻은 꿈을 향해 힘차게 달려갔다.

사회생활에서 만난 꿈

전문가다운 전문가

아는 게 힘이다

"김종희 군, 우리들은 이제 일본으로 돌아가니 자네가 이제 이 회사를 잘 지켜주게나."

일본이 세계대전에서 패망하고, 우리나라는 그토록 바라던 해방을 맞았다. 이에 조선공판의 일본인들도 뿔뿔이 흩어져 자국으로 돌아갔다.

나라가 해방되었다는 소식에 김종희는 기쁨의 눈물을 흘렸지만 마냥 기뻐할 수만은 없었다. 조선공판의 지배인으로서 회사 일을 책임져야 했기에 이전과 달리 어깨가 무거웠다.

갑자기 지배인으로 임명을 받고 관리자가 된 김종희는 우선 남아 있는 직원들을 다독였다. 당시 그는 20대 청년으로 어린 나이였지만 누구보다 책임감이 강했다. 그는 회사에서 일본인이 떠난 자리에 대한 공백이 느껴지지 않도록 부단히 노력했다.

"이제 전국에 있는 31개의 화약고를 책임질 분들을 새롭게 임명하겠습니다. 어수선할 때일수록 자기의 자리에서 일을 잘 맡아주시기 바랍니다."

해방 이후 나라는 무척 어지러웠다. 금방 안정될 것이라 기대했던 나라는 이념으로 갈렸고, 그로 인해 미국과 소련이 대신 나라를 다스리는 신탁통치가 시작됐다.

그러한 가운데서도 김종희는 자신의 맡은 바 일을 착실하게 해나갔다. 그는 틈만 나면 화약에 관련된 책을 읽었다. 그리고 수시로 화약고를 둘러보며 안전한지 확인했다.

"화약고 상태는 괜찮은가요?"

"별 이상은 없는 것 같습니다. 그나저나 기술자들이 다 빠져서 우린 이제 어떡합니까? 제대로 화약을 다룰 줄도 모르는데…."

"이건 모두 완제품이지 않습니까? 화약이라는 게 원래 위험하긴 합니다만, 규정대로 잘 보관하면 문제없습니다."

김종희는 화약을 생산할 수 없으니 우선 할 수 있는 영업과 제품 관리에 최선을 다했다. 그런데 당장 직원들의 월급이 문제였다.

'아, 이를 어쩐다? 이 위기를 어떻게 뚫어야 한단 말인가….'

김종희는 문득 인천 화약 공장의 공장장으로 있던 가리지마 씨와 마쓰무로 부장이 나누던 대화가 떠올랐다.

가리지마 공장장은 미군으로부터 인천 화약 공장에 남아달라는 요청을 받은 적이 있었다. 일본인 화약 기술자가 모두 가버리면 조선에는 화약 기술자가 없으니 남아달라는 것이었다. 하지만 가리지마 공장장은 그 제안을 거절한 바 있었다.

'그래, 그런 일이 있었지…. 그때 그 일을 요청했던 미군을 통한다면 무슨 수가 생길지도 몰라!'

김종희는 당장 화약 공장에 화약이 얼마나 남아있는지를 알아보러 나갔다. 다이너마이트가 3.7톤, 흑색화약이 0.4톤 정도 있었다. 그 정도면 회사를 다시 일으킬 수 있을 것 같았다. 그런데 미군과 접촉하는 일이 쉽지 않았다.

하지만 김종희는 더 이상 물러설 곳이 없었다. 그는 미군 사령부로 무작정 걸음을 옮겼다. 거의 '무데뽀 정신'이었다.

"헤이! 유 노우 다이너마이트?"

정문 앞을 지키던 미군 병사가 눈을 부라리며 저리 가라고 소리쳤다. 하지만 김종희가 이판사판으로 손짓 발짓을 써가며 다이너마이트에 대해 한참을 설명하자 그제야 알아듣고 그를 들여보내 주었다.

"오~ 다이너마이트? 컴 인, 컴 인."

김종희는 몸 전체를 수색당한 뒤 헌병대 사무실까지 끌려갔다. 그곳에서 그는 일생일대의 귀한 인연을 만날 수 있었다. 훗날 김종희에게 큰 도움을 준 스미스 대위와의 첫 만남이었다.

당시 스미스 대위는 처음 만났음에도 김종희에게 무척 호의적이었다. 김종희는 홍제동 화약고로 스미스 대위를 안내했다. 그는 자신이 알고 있는 화약에 대한 지식과 회사에 대한 설명을 하였다.

"지금까지 화약고를 돌아보니 화약 보관 상태가 양호하고 창고에 보관하고 있는 양도 당신이 말한 것과 일치하니 지방 화약고는 가보지 않고도 믿을 수 있겠어요."

비전 1

"알아봐주시니 감사합니다. 화약인은 화약처럼 정직하고 정확해야 합니다. 화약이 꼭 터져야 할 자리에서 터지도록 하려면 화약인 또한 항상 정직하고 정확해야 하죠."

"참 좋은 말입니다. 듣자 하니 한국인들 중에 화약 전문가는 없다던데 아니었군요. 미스터 김은 화약에 대해 잘 알고 있는 것 같습니다. 그 정신 또한 좋습니다. 거래합시다."

그렇게 김종희는 미군의 신뢰를 얻으며 계약을 성공시킬 수 있었다. 화약의 전문가가 되기 위해 누구보다 열심히 공부하고 노력한 결과였다. 그가 생각한 대로, 아는 것이 힘이었다.

국내 화약 생산의 꿈을
이루기까지

'김종희 그 사람, 화약 귀신에 들린 사람이야. 요즘 세상에 미군 힘으로 안 되는 게 어딨어? 그 사람들을 잘만 이용하면 떼돈 버는 일이 어디 한두 가지야? 그런데도 화약에만 빠져 있으니….'

김종희가 한창 화약공판 일에 매달려 있을 때 주변에서는 이런 말들을 하고는 했다. 그럼에도 그는 아랑곳하지 않았다. 이미 세운 뜻이 있으니 누가 뭐래도 자신의 신념대로 그 뜻을 밀고 가야 했다.

한창 신탁통치가 이루어지고 있던 때 김종희는 화약공판의 지배인에서 실질적으로 회사를 운영하는 관리인이 되어 있었다. 물론 미군 사령부의 감독을 받고 있었기에 사람들의 말처럼 미군과 긴밀한 협조 관계에 있었다.

그러던 어느 날 김종희가 스미스 대위를 찾아갔다. 그는 화약의 수요를 미리 내다보며 앞날을 예측해보고 있었다.

"스미스 대위, 현재 우리 화약고에 화약이 2톤 미만밖에 남아 있지 않습니다. 지난 3월부터는 군에서 쓰는 화약 물량도 많아졌고 앞으로 더욱 늘어날 텐데, 빨리 화약 도입을 추진해주시기 바랍니다."

"미스터 김! 현재 군수용 화약은 들어올 예정이지만 민간에서 사용할 화약은 들어올 계획이 없습니다."

"그렇지만 저희 화약공판은 미군의 화약고 관리만 하는 기관이 아닙니다. 민간이 필요로 하는 화약을 필요할 때 공급하는 것 또한 국내 유일의 화약

비전 1

취급기관인 화약공판의 책임이자 의무입니다."

"미스터 김의 그와 같은 정신에는 항상 경의를 표합니다. 좋습니다! 민간에서 화약을 필요로 하면 군수용 일부를 나눠주도록 하겠습니다."

"안 됩니다. 그런 애매한 대책으로는 안 돼요. 처음부터 화약을 구분해서 따로 비축해야 합니다. 우리나라가 수출할 수 있는 물건은 지금 현재 농산물이나 수산물, 광산물뿐입니다. 하지만 앞으로 무역이 활발해지면 광업 경기가 살아날 것입니다. 그럼 지금보다 화약을 더 많이 찾을 게 아닙니까?"

김종희는 스미스 대위와 한참 설전을 벌였다.

김종희는 화약을 확보하기 위해 누구보다 치열하게 뛰어다녔다. 머지않아 화약을 찾는 사람들이 많아지면 그에 따라 값도 오를 것이라는 소문 때문에 시중에 있던 화약의 가격이 하늘 높은 줄 모르고 계속 올랐다. 하지만 그때에도 김종희는 값을 올리지 않았다.

그와 같은 김종희의 행동을 지켜보던 사람들은 왜 가격을 올려 이익을 내지 않느냐며 답답해했다. 이에 김종희는 이렇게 답할 뿐이었다.

"지금 미군을 통해 들여오는 화약은 구제기금에 의해 무상으로 들여오는 것이 아닙니까? 그런데 우리가 그것을 가지고 지금보다 더 많은 이익을 내는 것은 옳지 않습니다."

어떤 이들은 원칙을 중요시하는 김종희의 정직함을 칭찬했지만, 어떤 이들은 너무 융통성이 없다며 비난하기도 했다. 하지만 김종희는 아무래도 괜찮았다. 그에게는 세간의 평가보다 화약인으로서의 소신을 지키는 것이 더 중요한 일이었기 때문이다.

김종희는 소신대로 계속 자신의 길을 갔다. 그리고 화약의 국산화라는 새로운 목표를 세웠다.

그는 언제부터인가 답답했다. 일제 강점기에는 일본인 회사에서 일본산 화약을 취급했고, 해방 후에는 미군 감독하에서 미국산 화약을 취급해야 했으니, 그 상황이 답답했던 것이다. 또한 자체적으로 물건을 생산하지 않고 전부 수입에만 의존하는 불안한 구조로는 회사의 발전을 기대하기 힘들었다.

'마쓰무로 부장님은 화약이 있어야 근대화를 이룰 수 있다고 했어. 언제까지나 수입에 의존할 수는 없다. 비록 지금은 기술자도 부족하고 시설도 열악하지만 한번 도전해보자.'

김종희는 인천 화약 공장을 떠올렸다. 그곳은 국산 화약 제조를 시도해볼 수 있는 마지막 희망이었다. 미군의 관리를 받던 인천 화약 공장은 화약을 생산하는 본래 역할이 아닌, 사실상 군대기지가 되어 있었다.

그리고 어느 날 미군은 인천 화약 공장을 제2조병창(무기, 탄약 등을 보관하는 건물)으로 쓴다는 통보를 해왔다.

"스미스 대위! 인천 화약 공장을 단순히 화약을 보관하는 창고로만 사용하는 건 너무 큰 낭비입니다. 원래 역할을 하도록 힘 써주세요. 화약을 만드는 공장으로서 다시 운영할 수 있게 해주면 우리가 어떻게 해서든지 화약을 만들어보도록 하겠습니다."

안될 것도 없을 것 같았다. 물론 화약 기술자가 전부 일본으로 가고 남아 있는 견습공도 그나마 폭발 사고로 잃었지만 어떻게든 시작한다면 못할 것

> 비전 1

도 없다는 생각이 들었다.

"미스터 김, 그럼 상부에 진정서를 한번 내보세요. 나도 힘써보도록 하겠습니다."

김종희는 곧바로 인천의 제2조병창을 본래의 화약공장 기능으로 되돌릴 것을 요청하는 진정서를 제출했다.

그는 자신이 할 수 있는 모든 방법을 동원했다. 그러나 미군의 결정을 되돌리지는 못했다. 1949년 한국에 머무르던 미군이 전면적으로 철수하고 본국으로 돌아갔기 때문이다.

주한미군이 철수하자 미군의 도움으로 화약을 받던 화약공판도 곧바로 어려워졌다. 그 이후 6·25전쟁이 일어나는 바람에 화약 국산화의 꿈은 아쉽지만 접어야 했다. 그러나 김종희는 그것이 끝이 아니라고 생각했다.

'꿈은 꾸는 자의 몫이다. 지금은 좌절된 것처럼 보이지만 언젠가는 우리 손으로 화약을 만들 날이 분명히 온다. 비록 지금은 때가 아니지만 차근차근 하나씩 준비하자. 노력하는 자에게만 기회가 온다.'

적극적인 '화약장이'

전쟁 통에서도 화약계를 지킨 김종희는 1952년 한국화약주식회사를 설립했다.

김종희가 회사를 설립한 직후 가장 먼저 시작한 일은 국내 기술로 화약을 만드는 것이었다. 그러기 위해서는 더 많은 지식과 정보를 얻어야 했다.

김종희는 일단 일본으로 향했다. 일본은 패전국으로서 큰 아픔을 겪었지만, 어느덧 놀라운 기세로 일어나 경제 발전을 이뤘고 특히 산업에서는 다른 나라보다도 월등하게 앞서나가고 있었다.

일본에 도착한 김종희는 자신을 화약계에 들어서게 해준 마쓰무로부터 찾아갔다. 마쓰무로는 본국으로 돌아가 원래 직장이었던 일본유지에서 상무로 일하고 있었다.

"마쓰무로 부장님. 아니, 이제 상무님이시죠? 어쨌든, 오랜만에 뵙습니다!"

"김 군! 아니, 이제 김 사장이지? 정말 반갑네. 역시 자네는 해낼 줄 알았어. 그 어려운 상황에서 화약계를 지키고, 또 회사까지 일으키다니! 정말 자랑스럽네."

"아닙니다, 아직 배울 것이 매우 많습니다. 상무님께서 많이 도와주셔야 합니다."

"내 힘닿는 데까지 돕겠네."

마쓰무로는 김종희에게 도움이 될만한 사람들을 많이 소개해주었다.

그리고 김종희는 일본화약의 고교 공장, 아사히가세이의 노베오카 공장, 일본카릿트의 시부가와 공장 등을 둘러보는 기회를 가질 수 있었다. 일본의 화약 공장들은 한국과는 비교도 안될 만큼 높은 수준이었다. 김종희는 적극적으로 그곳의 관계자들에게 궁금한 것을 물어보았다.

그리고 그는 한 가지 확실히 것을 얻을 수 있었다.

'국산 다이너마이트만 고집할 것이 아니라 실현 가능한 것부터 하도록 하

비전 1

자. 그렇다면… 우선 원료를 쉽게 구할 수 있고, 만드는 과정도 비교적 복잡하지 않은 초안폭약부터 시작하는 게 좋겠군.'

일본에서 돌아온 뒤 그는 한국화약의 직원들과 함께 연구에 연구를 거듭했고, 마침내 화약 국산화 1단계를 성공시켰다.

이후에도 김종희의 화약 사랑은 계속되었다. 국내 기술로 화약을 만들기까지 넘어야 할 산이 많았기에 그는 필요한 모든 것들을 보고 듣고 배우기 위해 발 벗고 뛰었다.

그리고 어느덧 그는 화약에 대해서라면 모르는 게 없을 정도의 국내 제일의 전문가가 되어 있었다.

한 가지 분야의 전문가가 되기 위해서 그는 쉼 없이 부단히 노력했다. 또한 화약이라는 한 분야에 자신의 일생을 헌신한 '화약장이'로 살았다. 한국화약주식회사가 한국화약그룹으로 거듭나며 여러 가지 분야로 사업을 넓혀 갔지만 그는 여전히 자신이 화약장이라는 사실을 자랑스러워했다.

노력하는 경영가

"사장님, 이거 결재하실 서류인데요."
사장실 안에서 가느다란 음성이 들려왔다.
"위 해브 섬…."
직원이 들어오는 줄도 모르고 김종희는 영어 공부에 열중이었다. 사업을 확장하며 국내의 정치·경제계 인사들과 만나 협의하느라 눈코 뜰 새 없이 바쁜 나날을 보내던 때였다.

그러한 와중에도 김종희는 공부를 소홀히 하지 않았다. 그의 책상에는 언제나 영어 회화 책이 놓여 있었다. 틈틈이 시간이 날 때마다 책을 들여다보며 영어 공부를 한 것이다.

"사장님, 시간도 별로 없으신데… 통역사와 함께 다니시는 게 편하지 않겠습니까?"

"물론, 필요할 땐 그렇게 하겠지. 그래도 내가 직접 의사소통을 해야 생각이 제대로 통할 거 아냐? 우리는 앞으로 해외의 많은 기업들과 더 많은 교류를 해야 할 걸세. 사업은 사람과 사람 간의 일이야. 그러려면 우선 말이 통해야 한다고."

비전 1

김종희는 미군과 화약 거래를 트기 위해 미군 부대 앞에 찾아가 다이너마이트가 있다고 설명하는 데 무척 애먹었던 때를 떠올렸다. 말이 안 통하니 손짓 발짓을 해가며 자신의 사정을 설명해야 했는데 스스로도 어찌나 답답했던지, 그는 그때 당시 언어 공부의 필요성을 절실하게 느꼈다.

김종희는 어렸을 때부터 공부하는 것을 즐겼기에 무엇이든지 즐거운 마음으로 배웠다. 화약 사업을 일으키기 위해 부단히 노력했던 것처럼 영어 공부 또한 근성 있게 꾸준히 하며 실력을 쌓았다.

언어의 장벽이 조금씩 무너지기 시작하면서 김종희는 더욱 외국과의 교류의 폭을 넓힐 수 있었다. 한국의 근대산업을 이끈 경제계의 인사들 중 김종희만큼 민간외교관으로서 외국인들과 교류를 많이 가진 사람도 드물었다. 이는 사업에 긍정적인 영향을 주기도 했다.

김종희는 평소 영어뿐만 아니라 무엇이든지 적극적으로 배우려 했기 때문에 그 모습이 주위에 본보기가 되었다. 외국에 출장을 갈 때에도 그는 늘 곁에 책을 두었다.

평생을 허투루 보낸 일이 없는 김종희는 시간을 잘 활용해 언제나 배움을 게을리 하지 않았다. 이러한 그의 보이지 않는 노력이 있었기에, 주위의 존경과 존중을 받았다.

김종희의
성공법칙

'장이'가 되자!

'장이'라는 말이 있습니다. 어떤 한 분야의 길을 꾸준히 걸어 장인 또는 전문가가 된 사람을 일컫는 말입니다. 이것은 어떤 직업을 뜻하는 말과는 조금 의미가 다릅니다. '장이'라는 말 속에는 남들보다 더한 열정과 적극성이 포함되어 있기 때문입니다.

"그 사람, 적극적인 사람이오?"

김종희가 직원을 뽑을 때 무조건 첫 번째로 묻는 말이었다고 합니다. 평소 수백 번도 넘게 '적극 활동'이란 말을 사용했을 정도로, 그가 인생을 살아가는 데 가장 중요하게 여겼던 것은 적극적인 태도였습니다.

화약이라는 꿈에 이러한 적극적인 태도가 더해졌기에 김종희는 누구도 따라올 수 없는 화약장이가 될 수 있었습니다.

물론 '장이'가 되는 건 쉽지 않을 수 있습니다. 남보다 더 많은 노력을 해야 하고, 숱한 위기와 인내의 시간을 견뎌야 합니다.

김종희는 화약의 전문가가 되는 꿈을 꾸었고, 기업인으로서 사업보국을 이루겠다는 꿈을 꾸었으며, 가능한 많은 사람을 이롭게 하겠다는 사회공헌에 대한 꿈을 꾸었기에 위기와 인내의 시간을 견디며 누구보다 열심히 노력했습니다.

"나는 평생을 화약장이로 적극적으로 살았습니다. 여러분은 어떤 일이든 적극적으로 나설 자신이 있습니까?"

여러분도 문득 나태해지려고 할 때, 김종희의 자부심 넘치는 이 말을 기억해보는 건 어떨까요?

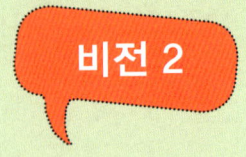

'따뜻한 뚝심'으로 승부하라

쌀 열 가마니로 치른 것은 직원들의 한 달치 월급만이 아니었다.
김종희는 직원들에게 책임지는 리더, 끝까지 함께 가는 리더의 본보기를 보이며
돈으로도 살 수 없는 희망을 준 것이었다.

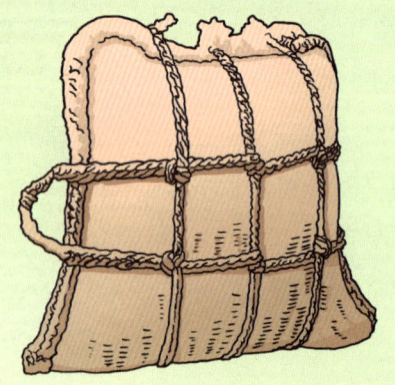

비전 2

내 사람은
내가 책임진다

쌀 열 가마니로 치른 월급

"지배인님, 큰일 났습니다. 글쎄, 지배인님이 자리를 비운 사이에 강선호란 자가 창고를 다 털었습니다."

"뭐라고?"

김종희는 곧바로 홍제동에 있는 화약고로 향했다. 정말 직원의 말대로였다. 창고 안에 있는 광목(옷감 중 하나로, 무명실로 너비가 넓게 짠 베), 작업복, 신발 등 돈이 되겠다 싶은 것은 모두 사라지고 없었다. 그동안 화약공판에 지급된 생필품을 미처 지방 영업소까지 전달하지 못하여 쌓아두었건만 그것을 들고 나간 것이었다.

"흠, 돈 될만한 건 다 털어갔군. 그런데 혼자서 이런 일을 벌이진 않았을 게 아닌가?"

"글쎄요…. 함께 일을 꾸민 사람들이 있겠지만 아직은 잘 모르겠습니다."

월요일에 출근하는 것을 봐야 알 수 있을 것 같습니다. 그나저나 강선호란 자, 그렇게 속을 썩이더니 결국….”

김종희는 쓴 입맛을 다셨다. 이런 것이 배신이구나 싶어 더욱 속이 쓰렸다. 가뜩이나 회사의 사정도 몹시 어려운 때였다. 더구나 김종희는 동생의 갑작스런 죽음으로 인해 충격에 휩싸여 있었다. 그러한 연유로 이틀간 회사를 비운 것인데, 그 사이에 자기만 살겠다고 회사의 물품을 들고 나갔으니 더욱 그들이 원망스러웠다.

‘이 일을 어쩐단 말인가….’

월요일이 되었다. 예상했던 대로 강선호는 보이지 않았다. 또한 그와 함께 일을 도모했던 몇 사람도 출근하지 않았다.

“그럼 우리 직원이 몇 명이나 되는 거야?”

“노무직을 합해도 10명이 채 안 되는 것 같습니다.”

해방과 함께 김종희가 공판의 지배인으로 임명되었을 때 회사에는 직원들이 몇 명 남아 있지 않았다. 남아 있는 직원들은 불안정한 회사 안팎의 사정 때문에 몹시 불안해했다. 또한 지배인 체제로 바뀌는 것 역시 익숙지 않아 반신반의하는 모습이었다.

김종희는 직접 나서서 걱정하는 직원들을 안심시켰다. 하지만 엎친 데 덮친 격으로 급격히 회사의 사정이 어려워져 한 달치 월급도 줄 수 없는 상황이 되었다.

김종희는 어떻게든 상황을 해결하기 위해 백방으로 뛰어다녔다. 그는 일단 직원들을 모두 불러 모았다.

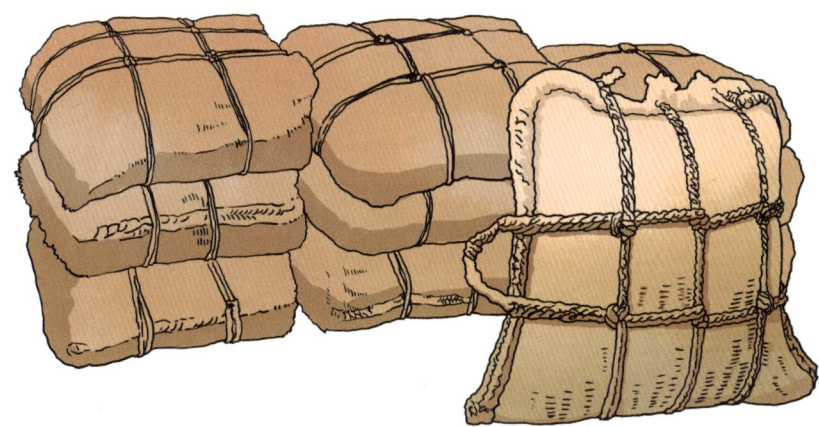

"여러분, 저는 조선화약공판주식회사 중역회의의 결정으로 이 회사의 업무를 맡게 된 지배인 김종희입니다. 앞으로 저는 저에게 주어진 지배인으로서의 책임과 의무를 다할 것입니다. 월급 문제는 제가 무슨 일이 있어도 책임지고 해결하겠습니다. 그러니 여러분은 걱정하지 마십시오. 이제부터 이 회사는 우리 손으로 지켜야 합니다. 해방된 조국에서 화약계의 등대수가 되어 화약계를 지키겠다는 각오로 임해주십시오."

김종희는 쩌렁쩌렁한 목소리로 힘을 주어 말했다. 그리고 곧바로 고향에 계신 부모님께 연락을 했다.

"아버지, 쌀 열 가마니만 올려 보내주십시오."

이미 한 달치 월급을 받지 못해 불안해하는 직원들을 우선 안심시켜야 했다.

얼마 뒤 시골에서 쌀 열 가마니가 올라왔다. 김종희는 그 쌀을 팔아 월급을 대신 치를 수 있었다. 다행히 쌀값이 오를 대로 올라 쌀 열 가마니를 판 돈으로 남아 있는 직원 여섯 명의 월급을 주고도 돈이 남아 경비로 비축할 수 있었다.

지방 영업소에 근무하는 직원들의 월급은 다행히 미군과 거래를 트면서 달러로 지급할 수 있었다.

비록 아주 큰 밑천을 가지고 있지도 않았고 당시 스물네 살밖에 되지 않은 젊은 지배인이었지만, 그에게는 회사를 운영하는 사람으로서 책임과 의무를 다해야겠다는 의지가 있었다. 그 이후, 직원들이 늘어나고 그룹의 주인이 되었을 때도 김종희는 자기 사람에 대한 책임과 의무를 한 번도 소홀히 하지 않았다.

쌀 열 가마니로 치른 것은 직원들의 한 달치 월급만이 아니었다. 김종희는 직원들에게 책임지는 리더, 끝까지 함께 가는 리더의 본보기를 보이며 돈으로도 살 수 없는 희망을 준 것이었다.

자리를 양보하겠습니다

한국화약이 화약 국산화에 성공해 여러 제품을 내놓으며 성장 가도를 달리고 있을 즈음이었다.

김종희는 회사가 꾸준한 성장을 이어가려면 현실에 안주할 것이 아니라

비전 2

미래를 위한 다음 사업을 준비해야 한다고 생각했다.

그 일환으로 플라스틱의 한 종류인 합성수지 PVC 사업을 시작했지만 과정이 순탄치 않았다. 워낙 석유화학에 대한 인식이 부족했던 탓도 있었지만 화약을 만드는 사람이 석유화학까지 손을 댄다며 부정적으로 보는 이들이 많았다. 하지만 그는 계속 사업을 추진했다.

이후 진해에 PVC 공장을 건설하며 '한국화성공업주식회사'를 설립했다. 1968년에는 플라스틱의 원료인 PVC 레진을 생산하면서 본격적으로 PVC 사업을 시작했다.

그러나 한국화성의 사업 성적이 신통치 않았다. 한국화약이 정유 사업을 선점하기 위해 나서자 다른 업체들도 함께 뛰어든 것이다. 갑자기 다섯 개의 업체가 한꺼번에 경쟁하게 되는 바람에 가격 경쟁이 심해졌다. 이후 한국화성은 더욱 많은 적자에 시달렸다.

"무슨 문제가 있는 거야?"

"한국화성에 있는 직원들이 대부분 한국화약 출신이라 정직한 것은 장점이지만 다소 융통성이 부족합니다. 상황에 따라서 가격을 낮춰야 할 때는 적당히 맞춘다거나 하는 요령이 필요한데, 그런 융통성이 부족해서 크게 이익이 나지 않습니다."

"흠…."

그러던 가운데 국내 합성수지 수요가 늘어나면서 한국화성은 만성적인 적자에서 조금씩 벗어나기 시작했다.

그즈음 정부의 방침이 내려왔다. 한국의 다섯 군데 PVC 업체를 하나로 통합해서 운영하라는 내용이었다. 다섯 개의 회사가 주주가 되어 '한국플라스틱공업주식회사'라는 통합회사를 운영하는 것이었다.

다섯 회사에게 돌아가는 각자의 몫에는 조금씩 차이가 있었다. 그중 한국화성의 비율이 제일 컸던 탓에 정부에서는 한국플라스틱의 경영을 한국화성에게 맡기려 했다.

"김 사장님께서 대표직을 맡으시지요."

사람들은 당연히 그가 대표를 맡을 거라 생각했다. 그러나 김종희는 그 제안을 단호히 거절했다.

"나는 다른 사람과 싸우는 건 싫습니다. 우리 주식이 제일 많다고는 하지만 절대적으로 많은 것은 아니기 때문에 늘 갈등의 불씨를 가지고 있어요. 그럴 바에는 차라리 뒤에서 지켜보겠습니다."

누구나 자리에 대한 욕심은 있을 터, 하지만 김종희는 제안을 거절하고 미련 없이 다른 사람에게 기회를 넘겼다. 사람들은 김종희의 행동을 보면서 '차려주는 밥상도 마다하는 사람'이라며 의아해했다.

그는 다른 이에게 상처 주는 일이나 남에게 피해를 주는 일이라면 아무리 이익이 생긴다 하더라도 하지 않는 게 낫다고 여기는 사람이었다.

"하지만 사장님, 억울합니다. 이번 기회는 우리가 잡아야 합니다. 다시 생각해주십쇼."

"아닙니다. 어차피 경영은 정부에서 추천하는 전문경영인이 맡기로 했습니다. 실제적인 회사 업무는 각 회사에서 파견된 직원들이 맡아서 하기로 했으니 좋은 인재들을 파견하도록 하세요. 앞으로 우리나라 PVC 업계가 사느냐 죽느냐 하는 문제는 이 사람들의 손에 달렸습니다. 서로 잘 타협하고 조율하도록 하세요."

김종희는 열의를 가지고 도전했던 플라스틱 사업에서 일단 한발 뒤로 물러섰다. '사공이 많으면 배가 산으로 간다'라는 말을 잘 알고 있었기에 일단 뒤에서 지켜보는 것이 당시에는 가장 필요한 태도라 여겼다.

그 후 합병된 플라스틱주식회사는 과도한 경쟁이 사라져 가격 면에서 안정이 되었다. 또한 한국경제가 급성장함에 따라 합성수지도 폭발적인 수요를 보였고 이에 성장을 거듭했다.

김종희는 한국화성의 변신을 흡족하게 지켜보며 뒤에서 응원했고 지원을 아끼지 않았다.

회사의 주식을 공모하는 바람에 지분율이 낮아져 경영권이 약해졌을 때도 김종희는 따뜻한 리더십을 발휘했다.

"이럴 때일수록 더 유능한 사람들이 들어가서 일해야 합니다. 한국화성에 인재들을 더 보내도록 하세요. 그리고 그 사람들이 한국화성 직원으로서 자부심을 갖을 수 있도록 충분히 지원해주세요."

김종희는 부드러운 뚝심이 무엇인지 보여주며 묵묵히 자신의 길을 갔다.

그리고 1979년 한국플라스틱주식회사의 경영권이 한국화성에 넘어왔다. 그간의 공로를 인정받은 것이다. 그제야 때가 되었다 싶은 김종희는 본격적으로 경영에 참여했다.

"이제야 오래전부터 꿈꾼 석유화학 계열 사업을 본격적으로 시작할 수 있겠군. 허허."

때를 기다리며 묵묵히 자신의 맡은 바를 소임을 다하니 기회가 온 것이다. 그는 물러서야 할 때를 알고 양보할 줄 아는 너그럽고 현명한 기업가였다.

기업인의 사명

"기업 자산을 공개하겠습니다."

1972년 한국화약그룹이 창립 20주년을 맞은 때였다. 갑작스러운 김종희의 기업공개(소수의 주주로 구성되어 있는 회사의 주식을 주식시장에 내놓아 일반 투자자에게 공개하는 일) 선언에 직원들이 모두 술렁였다.

한국화약이 화약 산업에만 주력하다가 기계 산업, 석유화학 산업 및 다양한 분야로 사업을 확장하고 있던 시기였다. 그 사업 중에는 성적이 좋은 것도 있었지만 그렇지 못한 분야도 있었다.

특히 화약 이외의 사업으로 제일 먼저 선택했던 한국베어링의 경영은 수년째 적자를 이어가고 있었다. 그러다 이제 조금씩 회복세를 보이고 있을 즈음, 난데없이 김종희가 기업의 주식을 공개하겠다고 선포를 한 것이다.

"회장님, 한국베어링은 이제 막 회복세를 보이고 있습니다. 그런데 주식을 사람들에게 공개하면 회사의 자금 사정이 다 알려질 텐데… 그러면 좋을 게 하나도 없습니다."

"알고 있어요. 그래도 어쩌겠나…. 정부의 방침도 그렇고, 기업인의 한 사람으로서 기업공개는 마땅히 해야 할 일이기도 합니다."

비전 2

김종희의 생각은 단호했다. 본격적으로 기업공개를 추진하면서 그는 직원들에게 이러한 말을 남겼다.

"저는 우리가 처한 여건과 정부 시책에 부응하여 한국베어링의 주식을 공개하기로 결정했습니다. 기업공개는 네 가지 의의가 있습니다. 첫째로 주식을 공개하고 분산시킴으로 회사 이익을 사회에 돌리고 회사의 기반을 튼튼하게 만드는 것입니다. 둘째, 회사의 주주가 많아지면 회사의 경영은 더욱 민주적인 분위기가 될 것입니다. 셋째, 소유와 경영을 분리하면 다수의 주주가 경영에 대한 책임을 가질 수 있습니다. 넷째, 주식의 10퍼센트를 직원들에게 나눠줌으로써 직원들의 복지 수준을 높이고 노사 관계를 튼튼하게 만들 수 있습니다."

이와 같은 내용은 일부 우려와는 달리 사람들의 관심과 호응을 이끌어냈다. 덕분에 부정적이던 증권가의 예상을 뒤엎고 원래 주식판매 예상액의 18배를 뛰어 넘는 55억 원이라는 막대한 자금을 확보할 수 있었다. 김종희의 적절한 판단으로 한국베어링은 안정된 기반을 갖게 되었다.

기업공개는 그 이후로도 이어졌다. 김종희는 한국화약그룹의 뿌리라고 할 수 있는 한국화약의 기업공개를 단행했고, 그 후 그룹에서 인수한 '제일화재해상보험'도 기업공개를 이어갔다. 김종희는 기업인으로서 지닌 사명감에 대해 이렇게 말했다.

"이윤이 보장되는 기업은 마땅히 살림을 공개해서 기업의 이윤이 국민에게 골고루 돌아갈 수 있도록 하는 게 우리가 할 일입니다. 그것이 건전한 국민기업이 되는 길입니다."

한국화약그룹은 기계, 석유화학, 정밀화학, 호텔, 건설, 선박, 전자업계 분야까지 확장하는 동안 단 한 번도 경영상의 문제가 생긴 적이 없었다. 부정하게 재산을 모으거나 탈세를 하는 등 사회적으로 문제를 일으키지 않았다.

　정직하고 투명한 경영을 하고자 했던 김종희가 있었기에 가능한 일이었다. 그리고 기업인으로서의 책임과 사명을 잊지 않는 자세가 그를 성공적인 기업인이 되도록 이끌었다.

비전 2

폭발 사고의 현장에서

이리역 폭발 사고

1977년 한국화약그룹이 폭발적인 성장을 하던 때였다. 그룹은 화약 산업으로 시작해 15개 기업과 학교까지 갖춘 대기업으로 성장해 있었다.

그러던 어느 날, 잘 나가던 한국화약그룹에 커다란 폭풍우가 불어닥쳤다.

김종희는 특별한 일이 없으면 저녁 8시 정도에 퇴근하여 집에서 독서를 즐겼다. 그런데 심상치 않은 전화 한 통이 걸려왔다.

"회장님, 저 성 비서입니다. 놀라지 마십시오."

"왜? 무슨 일이야?"

"서너 시간 전에 이리역에서 화약을 싣고 가던 기차가 폭발했습니다."

"뭐라고? 그, 그래서? 피해 상황은?"

김종희는 자신도 모르게 손이 덜덜 떨렸다. 화약이 워낙 위험하다 보니 그간 크고 작은 사고가 종종 있어왔다. 사고로 인해 다치거나 더러 목숨을 잃는 사람들도 있었다. 그때마다 그는 마음이 몹시 아팠다. 그리고 피해를 입은 이들에게 충분한 위로와 보상을 해주었다.

그런데 이번에 일어난 사고는 지금까지 있던 것과는 달랐다. 사고의 규모가 워낙 컸던 탓에 국가적 재해나 마찬가지였다.

다급히 회사로 달려간 김종희는 대략적인 피해 상황을 전해 듣고는 그 자리에 주저앉을 뻔했다. 보고된 사망자만 해도 30명이 넘고 근처에 있던 민가도 수백 채가 무너졌다는 것이다. 너무도 큰 사고였다.

그러나 김종희는 회사의 수장이었기에 더욱 의연한 모습을 보여야 했다.

"자, 우리는 대책 마련에 전력을 기울입시다."

김종희는 긴급회의를 소집했다. 사고에 대한 보상은 한국화약그룹이 무조건 전부 책임져야 한다는 사실을 강조했다.

그리고 긴급회의를 통해 세 가지 대책을 세웠다. 첫 번째, 한국화약그룹에 소속된 예비군 전원을 사고 현장에 보내 재해 복구 작업을 돕는 것, 두 번째, 부상자들을 위해 전 직원이 헌혈에 참여하는 것, 세 번째, 전 직원의 월급 중 2퍼센트를 재해 복구를 위한 지원금으로 내는 것이었다.

그리고 김종희는 서둘러 사과문을 게재했다. 비록 정확한 폭발의 원인이 밝혀지지 않았지만, 그는 누구의 잘잘못을 가릴 때가 아니라고 생각했다.

'국민 여러분, 11월 11일 밤 이리역 폭발 사고로 큰 심려를 끼쳐드려 송구하기 그지없습니다. 이 사고로 불의의 사고를 당하신 분들의 삼가 명복을 빕니다. 무어라 사죄의 말씀을 드려야 할지 모르겠습니다. 황급한 마음으로 우선 깊은 사과의 말씀을 올립니다. 한국화약은 이번 사고에 대한 법적·도

의적 책임을 다할 것이며, 모든 사력을 총동원해 피해 복구에 전력을 기울이겠습니다.'

이리역 폭발 사고의 경위는 이랬다. 화약을 실은 기차는 인천역을 출발해 영등포역에서 하루 머문 뒤 다음 날 이리역에 도착해 있었다. 그 기차는 이리역을 출발하는 광주행 화물열차에 연결될 예정이라 대기 중이었다.

다이너마이트가 있는 곳에는 관리인이 화약을 지키고 있었다. 그 관리인이 양초를 켜고 담배를 피우다 불씨가 다이너마이트로 옮겨 붙는 바람에 결국 큰 폭발 사고가 벌어진 것이었다.

당시 화약 창고에 있던 관리인은 자신의 실수로 다이너마이트에 불이 붙었다는 사실을 깨닫고 옷을 벗어 끄려 했으나 불은 이미 번질대로 번진 뒤였다.

이렇게 벌어진 이리역 폭발 사고는 사람의 목숨을 앗아가고 수많은 재산 피해를 입힌 대형 사고였다. 모든 여론은 집중적으로 한국화약그룹을 비난했다. 현장에 있던 관리인의 관리 소홀과 철도청의 관리 소홀 등이 원인으로 떠올랐고 여론은 갈수록 사나워졌다.

'이번 사건은 우리 모두에게 뼈아픈 교훈을 안겨주었다. 이번 사고야말로 모든 관계자들의 뿌리 깊은 타성(나태하게 굳어진 습성)과 부주의, 무관심과 안일함이 빚어낸 어처구니없는 인재(人災, 사람에 의해 일어난 재난)다.'

김종희는 이와 같은 비난을 한 몸에 받았다. 그중에는 확인되지 않은 사실도 있었고 모든 책임을 한국화약에게로만 돌리는 여론도 있었다.

하지만 김종희는 어떤 대응도 하지 않고 모든 것을 묵묵히 받아냈다. 스스로도 매우 가슴 아픈 사건이라고 여겼기에 어떤 경우가 되었든 회사의 수장인 자신의 잘못이라 여기며 받아들인 것이다.

사건 현장에서는 곧바로 피해 복구 작업이 시작되었다. 한국화약도 복구 작업에 발 벗고 나섰다. 하지만 비난은 쉽게 사그라지지 않았다.

'쯧쯧, 한국화약그룹도 이제 끝났구먼….'

한창 날개를 펼치며 승승장구하려는 시점에서 터진 이리역 폭발 사고는 그동안 한국화약그룹에게 닥친 그 어떤 것보다 큰 시련이자 난관이었다. 어쩌면 재계에서 떠도는 말처럼 그룹의 운명이 끝날 수도 있는 절체절명의 순간이었다.

그러나 김종희는 기업인으로서 사회적 책임을 다하겠다는 결연한 의지를 품고 가까스로 일어섰다.

긍정의 힘

"아니, 김 회장님. 어떻게 보상 책임을 지겠다는 겁니까?"

"국무총리님! 저희는 정부에서 하라는 대로 모두 하겠습니다. 저는 전 재산을 내놓아서라도 보상할 생각이 있습니다."

"흠… 그렇습니까? 김 회장님 재산이 얼마나 되죠?"

"90억 원 정도 될 겁니다."

"좋습니다. 일단 그 뜻을 각하께 전하고 의논해보겠습니다."

이리역 폭발 사고로 연일 나라 안이 시끄러웠다.

워낙 큰 사고였기에 정부도 어떻게 피해를 보상해야 할지 머리를 싸매며 고민하고 있었다. 그 당시 나라의 살림도 그리 넉넉한 편이 아니었기 때문이다.

그러나 김종희는 보상에 대해서는 고민하지 않았다. 이미 마음속으로 모든 책임을 지겠다는 결심이 섰기 때문이었다.

국무총리도 90억 원이라는 어마어마한 금액을 내놓겠다는 말에 놀라는 눈치였다. 당시 정부는 나라에서 지원하는 피해 복구 비용으로 50억 원을 정했는데, 김종희가 내겠다는 90억 원은 그 금액의 두 배에 해당하는 굉장한 돈이었다.

게다가 개인의 전 재산을 피해 보상금으로 내놓겠다는 건 자신의 사업과 생활을 모두 내걸고서라도 책임을 지겠다는 강한 의지였다.

'아이고, 김 회장이 어떻게 90억 원이나 되는 큰돈을 내겠다는 거야?'

'아니, 그 엄청난 걸 왜 혼자서 뒤집어쓰겠다는 거지? 좀 이상해진 거 아냐?'

'쯧쯧, 잘나가던 한국화약그룹도 이제 망하는구나.'

재계에서는 이렇게 수군거렸다.

정부는 술렁이는 여론을 잠재우기 위해, '한국화약그룹의 김종희 회장이 피해 보상 금액으로 90억 원을 환원하기로 했다'라는 내용을 발표했다.

이와 같은 상황에서 김종희는 오히려 초연했다. 사고에 대한 모든 책임을 떳떳하게 지고 다시 맨손으로 돌아갈 각오가 있었기 때문이다. 누구에게도 부끄럽지 않은 기업인이 되겠다는 신념으로 살아온 그였기에, 폭발 사고에 대한 대처는 어쩌면 그로서는 당연한 것이었다.

때마침 '태평양건설'의 해외건설팀에서 근무하던 장남 승연이 귀국하여 아버지 곁에서 힘을 보탰다.

"아버지, 너무 상심하지 마세요. 제게 아버지 젊은 시절 고생하셨던 얘기를 해주시면서 그러셨잖아요. 배추 장사를 해서라도 우리 식구 먹여 살릴 자신 있다고요. 하지만 아버지, 이제는 아무리 어려워도 배추 장사는 안 하셔도 됩니다. 저희들이 있지 않습니까? 제가 이번에 반드시 중동 진출을 성공시키겠습니다. 그래서 한국화약그룹도 살리고 우리 식구 생활도 책임지겠습니다."

"그래, 네가 있어서 든든하구나."

어느새 20대 청년으로 자라 아버지 곁에서 일을 돕는 장남이 있어 김종희는 한편으로 마음이 놓였다.

개인의 전 재산을 환원하겠다는 김종희의 결단은 거세진 여론을 일순간에 잠재우는 힘이 있었다. 사람들은 그의 통 큰 결단에 놀랐고, 끝까지 책임지려는 그의 모습에 고개를 숙였다.

여론이 잠잠해지면서 정부 역시 한발 물러섰다. 한국화약그룹이라는 기업의 가치를 높이 평가해 나름의 배려도 해주었다.

90억 원이라는 큰돈을 당장 현금화하는 일도 어려운 일이거니와, 한 기업이 90억 원을 내면 그로 인한 타격이 만만치 않기 때문이었다. 잘못하면 국가의 경제를 책임지는 한 기업이 무너질지도 모를 일이었다.

비전 2

"김 회장님, 한꺼번에 90억 원을 환원하는 것은 무리라고 봅니다. 그러니 3년 동안 30억 원씩 나누어 보상금을 내도록 하세요."

정부의 배려로 한시름 놓게 되자, 이번에는 한국화약그룹 내에서 우려의 목소리들이 커졌다.

반응은 대부분 비슷했다. '너무 많은 보상금을 내놓는다', '한국화약만의 잘못도 아닌데 몽땅 책임을 지는 건 너무하다'라는 반응들이었다. 직원들의 입장에서는 당장 회사가 어떻게 되는 건 아닌지 걱정도 되었을 것이고, 억울한 측면도 있었던 것이다. 그것을 모르지 않았기에 김종희는 직원들을 다독이며 분위기를 수습했다.

"자, 여러분! 비록 돈을 조금 잃긴 했지만, 우리는 국민과 정부의 신뢰를 얻었습니다. 지금까지 그래왔던 것처럼 열심히 일하다 보면 반드시 좋은 결과가 올 겁니다. 우린 해낼 수 있습니다. 어제보다 오늘이, 오늘보다 내일이 더 좋아집니다."

김종희 회장에게는 특유의 긍정의 힘이 있었다. 웬만한 일에 일희일비(一喜一悲, 하나에 기뻐하고 하나에 슬퍼함)하기보다 잘될 수 있다는 긍정적인 마음가짐으로 무장했기에 폭발 사고와 같은 커다란 위기의 순간에도 의연하게 대처할 수 있었다.

이리역 폭파 현장은 빠르게 복구되었다. 한국화약그룹은 약속대로 피해 보상금을 지급했고 폭발 사고와 관련하여 잘못한 이들은 마땅한 책임을 지도록 했다.

뻗어가는 기업

많은 이들은 이리역 폭발 사고로 한국화약그룹이 운명을 다했다고 여겼다. 하지만 한국화약그룹에게는 쉬이 쓰러지지 않는 저력이 있었다.

그리고 어느 날, 한국화약그룹에 다시 봄바람이 불어왔다.

"아버지, 기뻐하세요. 드디어 공사를 따냈습니다."

"그래? 규모가 어느 정도냐?"

비전 2

"1억 달러짜리 주택공사입니다."

"뭐? 1억 달러? 하하하. 정말 수고했다."

장남 승연이 파견된 태평양건설이 사우디아라비아에서 1억 달러짜리 대형 주택공사를 따내며 해외 진출의 성공적인 신호탄을 쏘아 올렸다. 그동안 건설업계의 해외 진출이 영 신통치 않았는데, 드디어 장남 승연이 큰 규모의 계약을 성사시키며 자기 역할을 톡톡히 해낸 것이었다. 이 성과는 그룹 전체의 분위기를 끌어올리는 데 큰 역할을 했다.

그 후, 다른 회사로 넘어갔던 '한국플라스틱'의 경영권을 다시 되찾아 오는 등 굵직한 계열사들이 자기 자리를 찾았고 대부분 흑자를 냈다. 1979년 총 매출액이 4,530억 원이었는데, 그 지난해인 1978년에 비해 42.9퍼센트나 오른 수치였다.

그동안 커다란 사건 사고를 겪으면서 사람들 앞에서는 의연한 모습으로 진두지휘했던 김종희였지만 사실 그도 속으로는 몹시 애가 탔다. 평소 그가 앓고 있는 당뇨병도 더욱 악화되던 참이었다.

당뇨는 체내의 영양분을 에너지로 전환시키는 인슐린이라는 호르몬이 분비되지 않는 병으로, 김종희가 꽤 오래전부터 앓은 병이었다. 인슐린 주사를 맞으며 당을 조절했어야 했으나 바쁜 업무에 치여 치료할 때를 놓치곤 했다.

갈수록 김종희의 병은 악화되었다. 그는 사람들 앞에 드러내고 싶지 않아 속으로 끙끙 앓는 날이 많았다. 그나마 한국화약그룹의 비약적인 성장이 정신적, 그리고 육체적으로 약해진 그의 어깨를 펴주었다.

한편, 1977년의 폭발 사고는 나락으로 떨어질 것 같은 최악의 위기였지만 한국화약에게 그것은 오히려 기회가 되었다. 위기를 극복하기 위해 직원들이 한마음 한뜻으로 똘똘 뭉치는 계기가 되었기 때문이다. 한국화약그룹은 이후 흑자를 만들어내는 데 성공했고, '제일증권'이라는 회사를 인수하는 등 확장을 거듭하며 국내 10대 기업으로 부상했다.

그리고 1979년, 그해 또 하나의 경사가 생겼다. 미국의 저명한 경제전문 잡지인 《포춘》에서 세계 500대 기업 중 한국화약그룹을 393위로 선정한 것이다.

이로써 한국화약그룹은 세계 속의 기업으로 당당히 이름을 올리며 국제 사회에서 신뢰를 쌓았다. 한국화약그룹은 '비 온 뒤 땅이 더 굳어진다'라는 말을 실천하듯이 새롭게 비상하면서 1980년대로 힘차게 뻗어갔다.

비전 2

폭발 사고의 현장에서

김종희의
성공법칙
❺

책임의식, 주인의식을 가져라!

임진왜란의 영웅하면, 바로 '이순신 장군'이 떠오를 것입니다. 후대에 이르기까지 이순신 장군이 위대한 인물로 존경받는 이유는 무엇일까요? 거북선이라는 놀라운 발명품을 만들어 왜적을 물리치는 업적을 이루었기 때문이기도 하지만, 그는 누구보다 투철한 애국심과 사명감을 지닌 위인이었기에 후손들의 존경을 받을 수 있었습니다.

그는 적의 화살로 목숨이 다하는 순간에도 자신의 사명을 다하기 위해 화살을 맞았다는 사실을 숨기고 전쟁을 승리로 이끌었죠. 나라를 사랑하고 자신의 맡은 바 임무를 다하겠다는 책임감이 없었다면 할 수 없는 용기 있는 행동이었습니다.

이렇게 자신이 맡은 일에 책임감을 가지고 일하는 이들은 뭐가 달라도 다릅니다. 책임감 있는 사람은 자신에게 주어진 일의 주인공이 바로 자기 자신이란 사실을 아는 사람입니다. 그들은 일이 잘못되어도 구차한 변명거리를 찾지 않고, 좌절되었을 때 쉽게 물러서지도 않습니다.

또한 책임감 있는 사람은 주위 사람들로부터 언제나 신뢰를 얻습니다. 어떤 사람이 믿을만한 사람인지 아닌지를 판단하는 데, '책임감이 있느냐, 없느냐'가 큰 기준이 되기 때문입니다.

김종희는 이리역 폭발 사고라는 대형 사고를 겪었을 때 기업인으로서 마땅히 책임져야 할 것들을 모른 척하지 않는 모습을 보여주었습니다. 심지어 자신의 전 재산을 과감히 내놓아 자신이 할 수 있는 모든 책임을 끝까지 다했죠. 책임을 회피하지 않고 최선을 다해 사고를 수습했기에 한국화약그룹은 다시 국민들의 신뢰를 얻을 수 있었습니다.

책임 의식은 다른 말로 '주인 의식'이라고도 할 수 있습니다. 김종희는 직원들에게 늘 이러한 주인 의식을 강조했습니다. '회사의 주인이 곧 나 자신'이라고 생각한다면, 멀리 내다보며 큰 그림을 그릴 수 있다고 여겼죠.

 나 혼자만의 이익이 아닌 모두의 이익을 생각하며 멀리 미래를 내다보았을 때 회사와 함께 내가 성장하는 진정한 결실을 얻을 수 있기 때문입니다.

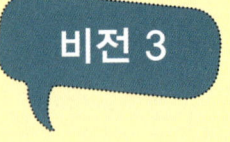

삶의 본(本)이 되는 사람

김종희는 평소 돈에 대한 철학이 분명했다.
그는 돈의 가치와 의미에 대해 늘 생각했다.
세실 신부가 그에게 보여준 나눔과 베풂이 가장 큰 가치라고 여겼기에,
그는 평생 동안 소리 없는 나눔과 아낌없는 베풂에 앞장섰다.

비전 3

나눔의 본이 되다

세실 신부의 가르침

김종희가 그리운 듯, 평소 자주 말하는 한 인물이 있었다. 바로 세실 쿠퍼 신부이다.

세실 신부는 가난한 부대리 마을 성당에 새로 부임되어 온 영국인 신부였다.

그는 부대리 아이들을 위해 성당을 개조하여 '북일사립학교'라는 학교를 만들었다. 비록 성당 옆에 붙어 있는 두 칸짜리 작은 학교였지만 배우고 싶어도 학교에 가지 못하는 아이들에게는 꿈의 학교였다.

세실 신부는 '구세실'이라는 한국식 이름을 짓고, 하나님의 사랑을 전하는 사도로서 참사랑이 무엇인지 몸소 보였다.

"오, 디도! 어서 와라. 춥지?"

세실 신부는 추운 겨울날에도 자신을 위해서는 불을 피우지 않을지언정 아이들을 위해서는 난로를 피워주는 따뜻한 분이었다. 어린 시절 '디도'라는 세례명을 받은 종희는 세실 신부가 따뜻한 목소리로 '디도'라고 불러주는 게 그렇게 좋았다.

어린 종희는 매월 첫째 토요일을 몹시 기다렸다. 한 달에 한 번 각종 구호 물건이 도착하는 날이었기 때문이다.

세실 신부는 구호품을 받기 위해 천안역으로 향했다.

"신부님, 오늘도 천안역에 가세요?"

"그래, 오랜만에 오토바이 좀 꺼내볼까?"

천안역으로 가기 위해 세실 신부는 한 달에 한 번 오토바이를 운전했다. 그럴 때면 종희도 오토바이 뒷자리에 올라타 함께 가고 싶은 마음이 굴뚝같았다. 하지만 그러면 뒤에 물건을 싣고 올 수 없기에 종희는 할 수 없이 성당에서 목이 빠져라 세실 신부가 오기만을 기다렸다.

세실 신부는 한참 뒤에야 돌아왔다. 그가 천안역에 다녀올 때면 어김없이 마당에는 '세실 쿠퍼 선교후원회'에서 보낸 각종 생활용품이 한가득 쌓였다. 종희는 그것을 보기만 해도 부자가 된 듯 마냥 신났다.

"자, 디도! 어디보자… 우리 디도에겐 뭘 주면 좋을까?"

집에 가지도 않고 학교에 남아 있는 종희를 보고선 세실 신부는 꾸러미에서 공책과 연필, 먹을거리들을 집어 주었다.

"와, 감사합니다!"

종희뿐만 아니라 동네 아이들에게 세실 신부는 산타클로스 같은 존재였다. 부대리에 사는 아이들 가운데 신부님의 도움을 받지 않은 아이들이 없었다. 또 만일, 북일사립학교가 없었다면 신학문을 공부하는 건 꿈도 못 꿀

비전 3

일이었다. 종희는 마음속으로 항상 세실 신부에 대한 은혜를 생각했다.

그러던 중, 종희네가 대전으로 이사를 가는 바람에 두 사람은 아쉬운 이별을 해야 했다. 종희는 어찌나 그 사실이 슬펐는지 발길이 떨어지지 않았다.

"디도, 다른 곳에 가서도 공부 열심히 하고 하나님의 말씀을 잘 따라야 한다. 그리고 가끔 나도 찾아오고, 알았지?"

도상으로 진학하여 새로운 학교 생활을 하면서도 김종희는 세실 신부를 한동안 그리워했다. 그는 가난한 부대리에서 세실 신부와 함께한 추억을 가슴 한편에 소중히 품었다.

이후 도상에서 억울하게 퇴학 처분을 당했을 때 김종희는 세실 신부를 다시 찾았다. 마음에 상처를 입은 종희를 세실 신부는 따뜻하게 맞아주었다. 세실 신부에게서 종희는 많은 위로를 받았다. 세실 신부는 언제나 한결같은 모습으로 김종희에게 힘을 불어넣어 주는 삶의 버팀목이었다.

이후 한참 시간이 흘렀다. 김종희는 화약공판의 지배인이 되어 있었다. 그 사이 세실 신부와도 연락이 끊겼으나 그는 우연히 다른 사람을 통해 세실 신부의 소식을 듣게 되었다. 알고 보니 5년 동안이나 본국으로 추방을 당했다는 것이다. 그리고 얼마 전 세실 신부가 다시 한국으로 돌아왔다는 사실을 알게 되었다.

김종희는 그길로 세실 신부가 머물고 있다는 정동교회로 향했다. 오랜만에 세실 신부를 만날 수 있다고 생각하니 김종희는 괜히 울컥했다.

급한 마음에 달려가다시피 정동교회 정문을 들어서려는 때였다. 때마침 세실 신부가 정문으로 나오고 있었다.

나눔의 본이 되다

비전 3

두 사람이 극적으로 해후(오랫동안 헤어졌다가 다시 만남)하는 순간이었다.

"신부님! 저 디도입니다."

세실 신부는 그동안 많은 사제를 거느리며 지역 사회에 교리를 전달하는 주교가 되어 있었다. 그는 60세가 넘었음에도 건강한 모습이었다.

"오~ 디도! 이게 얼마 만이냐, 정말 반갑구나! 그래, 결혼은 했고? 무슨 일을 하고 있지?"

"하하하, 주교님. 하나씩 물어보십시오."

"그래, 그러자꾸나. 디도! 정말 반갑구나."

김종희는 세실 신부의 손을 맞잡고 한참 동안 이야기를 나누었다.

그런데, 한창 겨울이었는데도 세실 신부가 머물고 있는 주교관은 매우 썰렁했다. 김종희는 주위를 살펴보았다. 무쇠난로는 있었지만 땔감이 없었다. 김종희는 가슴이 아팠다.

"주교님, 제가 내일 땔감 좀 가져오겠습니다."

"아니다, 자네의 말만 들어도 나는 충분하네. 만약 내가 따뜻한 곳에 다리 뻗고 누워 있다면 조선 성공회를 재건하는 일은 그만큼 늦어지지 않겠나? 내가 이곳에 다시 돌아온 건 그동안 사방으로 흩어진 양들을 불러 모으기 위함일세. 그리고 그들을 돕는 게 내 사명이지."

"주교님, 정말 훌륭하십니다. 저도 돕겠습니다."

"고맙네. 자네는 우리 성공회의 큰 빛이 될 사람이야. '너희의 빛을 사람들 앞에 비추어 너희의 행실을 하늘에서 보고 계신 아버지께 영광을 돌리게 하여라.' 하느님의 이 말씀을 늘 생각하게나. 그리고 자네도 많은 이들에게

나눔의 본이 되다 179

빛이 되어주게."

 세실 신부와 헤어지고 돌아오는 길에 김종희는 하늘을 올려다보았다. 하얀 눈이 내리고 있었다. 흰 눈은 세상의 온갖 더러운 것을 덮어주는 듯했다. 세실 신부가 말한 사랑이란 새하얀 눈처럼 많은 이들의 허물을 덮어주고 희망을 나눠주는 것이었다. 김종희는 그러한 사랑을 실천하고 사는 세실 신부를 닮고 싶었다.

 '비록 큰 빛은 되지 못할지라도, 나도 주교님처럼 베푸는 사람이 되리라.'
 그는 그 자리에서 평생 자신이 걸어가야 할 길의 방향을 정했다.

아름다운 베풂과
드러나지 않은 나눔

김종희가 평생 마음속에 간직했던 성경 속의 한 구절이 있다.

> 사람에게 보이려고 그들 앞에서 너희 의를 행하지 않도록 주의하라. 그리하지 아니하면 하늘에 계신 너희 아버지께 상을 받지 못하느니라. 그러므로 구제할 때에 외식하는 자가 사람에게 영광을 얻으려고 회당과 거리에서 하는 것 같이 너희 앞에 나팔을 불지 말라. 진실로 너희에게 이르노니 저희는 자신의

비전 3

상을 이미 받았느니라. 너는 구제할 때에 오른손이 하는 것을 왼손이 모르게 하여 네 구제함을 은밀하게 하라. 은밀한 중에 보시는 너의 아버지께서 갚으시리라.

마태복음 6장 1~4절

김종희는 이와 같은 성경 속 구절에 담긴 의미를 생각하며 그대로 실천하려 애썼다. 그리고 한국화약을 설립하고 한창 사업을 벌이면서도 꾸준히 이웃과 결실을 나누고 주변을 돌보는 것을 잊지 않았다.

하루는 사무실 이사로 한창 어수선하던 때, 김종희의 친구가 그를 찾아왔다.

"잘 있었어? 나, 김 회장 만나러 왔네."

"야, 이게 누구야? 노엘 아녀? 그리고 김 회장은 무슨 김 회장이냐. 나는 디도여."

김종희는 고향 친구와 만났을 때에는 격식 같은 걸 따지지 않았다. 워낙 평소 성격도 소탈했기에 친구나 직원들에게 스스럼없이 대하는 편이었다.

"그나저나 우리 사무실이 이사를 가는데, 그 전에 잘 왔다. 우리 이사 간 뒤에 왔으면 촌놈이 고생했을 거 아녀?"

"허허허. 거 참…. 그나저나 내가 한 가지 부탁이 있는디…."

"뭘 그렇게 뜸을 들이냐? 어서 말해봐."

그날 그를 찾아온 친구는 부대리에서 이장을 맡고 있는 송태식이라는 친구였다. 송태식은 마을을 발전시키기 위한 기금 마련 때문에 김종희를 어렵게 찾아온 것이었다. 가난한 동네의 이장을 맡고 있으니 힘든 일이 한두 가지가 아닐 것이라고 김종희는 내심 짐작하고 있었다.

"다른 마을은 마을 회관이나 경로당을 짓는다면서 활발하게 새마을 운동을 시작하고 있는데, 우리 부대리는 그럴 형편이 전혀 안되니…."

"알았어. 무슨 말을 그리 어렵게 해? 마을을 발전시키겠다는데 당연히 도와야지! 필요한 금액을 말해. 내일 당장 직원을 통해 내려 보낼게. 그런데 한 가지만 약속해줄 수 있나?"

"뭘?"

"마을 사람들한테는 내가 돈을 냈다는 말을 하지 않았으면 해. 알았지?"

김종희의 뜻을 이해한 송태식은 그길로 마을로 내려가 마을 발전에 힘을 보탰다.

김종희는 자신이 어릴 적 어려운 형편에서 자랐던 터라 평소 어려운 이웃을 보면 물심양면으로 돕기 위해 애썼다.

다만, 세실 신부처럼 가진 것을 나누고 베풀되, 오른손이 하는 일을 가능한 왼손이 모르게 하려고 했다. 그것이 곧 하느님을 기쁘게 하는 일이고 사람들에게도 이로운 일이라고 여겼다. 무엇보다 자기 자신을 겸손하게 하는 길이라고 믿었다.

그리고 어느 해인가 중부지방에 집중 폭우가 쏟아졌다. 연일 뉴스에서는 폭우로 인한 농가의 피해를 보도했다. 김종희는 그 소식에 마음이 많이 아팠다. 자신의 고향인 천안 군내의 네 면(面)이 심한 수해(장마나 홍수로 인한 피해)를 당한 것이다. 그는 조용히 직원을 불렀다.

"지금 심한 수해로 다들 어려워하고 있으니 재해 복구비를 전달하고 오게나."

"회장님 성함으로 할까요, 아니면 회사 이름으로 할까요?"

"무슨 이름을! 그냥 밝히지 말고 전달하게."

지시를 받은 직원은 갸웃거리며 사무실을 나섰다. 다음 날 신문 기사에 이름을 밝히지 않은 한 사람이 거액의 재해 복구 비용을 지원했다는 내용이 실렸다.

그뿐이 아니었다. 김종희는 공장 터를 마련하면서 사들인 땅에서 나는 쌀 600가마니를 해마다 빈민들에게 나눠주었다. 그러나 정작 그 쌀을 받은 사람들은 정부에서 주는 구호품인 줄로만 알았다.

이처럼 김종희는 사업을 통해 얻은 이익을 베풀고 나누는 데 인색하지 않았다. 그러면서 자신이 지침으로 삼은 말씀처럼 사람에게 보이려고 선행을 베풀지 않았다. 그것은 자신의 어린 시절 세실 신부가 아무런 보상 없이 자신과 동네 주민을 위해 하느님의 사랑을 전하고 가진 것을 나눈 것에 대한 보답이었다.

겸손한 섬김

김종희는 사람을 귀하게 여겼다. 특히 자신처럼 공부를 하고 싶으나 형편이 어려워 하지 못하는 학생들을 안타깝게 여겼다.

김종희는 1960년 자신의 형인 김종철이 천안고등학교 재단 이사장으로 취임할 때 '백암장학회'를 설립하고 학생들에게 장학금을 지원하기 시작했다. 형편이 어려운 아이들이 학업의 꿈을 포기하는 일은 없어야 한다며 자원해서 장학금을 지급한 것이었다.

어느 날 김종철이 국회의원 선거에 참여하려던 때, 형님의 정치 입문을 돕던 김종희가 한 가지 제안을 했다.

"형님, 이번 선거에서 장학재단을 설립하겠다는 공약을 세웁시다. 어차피 예전부터 저는 기업가로서 어려운 형편에 있는 학생들을 돕겠다는 생각을 하고 있었고, 형님 또한 저와 생각을 함께하고 계시니 유권자들도 우리의 이러한 뜻을 공감하면서 함께하지 않겠습니까?"

"그거 좋은 생각이지."

1968년 김종철이 국회의원에 당선되고 난 뒤 김종희는 공약으로 내세운 장학재단을 설립했다. 장학재단이 설립되면서 학생들에게 지급되는 장학금의 규모는 더욱 커졌다.

그리고 김종희가 세운 장학재단은 이후 장학사업을 추진하며 실적을 공개하지 않았다. 사람들에게 숫자를 공개하다 보면 이런 저런 말이 나게 될 테고, 아름다운 나눔 될 수 없다는 판단에서였다.

이렇듯 김종희의 장학 사업은 보이지 않는 곳에서 보이지 않게 나눔을 이어가며 세상에 따뜻한 온기를 보탰다.

든든한 후원인

김종희는 예술가들에 대한 남다른 애정이 있었다. 재능 있는 예술가들을 아꼈고, 자처하여 후원인이 되었다. 그가 워낙 책을 읽거나 피아노를 연주하는 등의 문화 생활을 좋아하며 즐겼던 까닭이다.

특히 그림에 관심이 많았던 김종희는 어느 날 미술전시회에서 장리석이라는 화백을 알게 되었다. 〈조랑말〉이라는 작품을 통해서였다.

김종희는 당뇨로 인해 운동을 해야 했던지라 평소 승마를 해오던 참이었다. 한창 말에 관심이 많던 즈음 보게 된 〈조랑말〉이 그에게 무척 인상 깊었던 것이다.

장 화백의 작품을 구입한 뒤, 김종희는 직접 장 화백을 만나러 그의 화실을 찾았다. 장 화백은 고지대 끝자락 즈음에 있는 한옥에 세 들어 살고 있었다.

장 화백은 김종희의 갑작스러운 방문에 깜짝 놀랐다.

"아니, 누구신지요?"

"저는 장 화백님의 그림 한 점을 소장하고 있는 김종희라고 합니다."

"아! 김 사장님, 그렇잖아도 참 고마운 분이라 생각하고 있었습니다. 그동안 국전에서 입선은 했지만 그림이 잘 팔리지 않아 걱정하고 있었는데, 김 사장님께서 처음으로 제 작품을 사주신 덕분에 제 집사람한테 그나마 체면이 섰습니다."

"하하하, 그렇습니까?"

장 화백은 가난한 예술가였다. 김종희는 좁은 방에서 예술혼을 불태우고 있는 그를 보고 있으니 괜스레 눈시울이 뜨거워졌다. 그들은 그날 처음 만난 사이였지만 마치 오랫동안 알고 지난 사이처럼 이야기꽃을 피웠다.

김종희는 그날 이후 장 화백을 물심양면으로 도왔다. 김종희는 가능한 낮은 자세로 도우려 애썼고, 장 화백 역시 그 마음을 감사하게 받아들였다.

좁은 공간에서 120호나 되는 대작을 그릴 때에는 직접 화실을 찾아 격려금을 전해주기도 했고, 일부러 본인의 초상화를 그려달라고 의뢰한 뒤 후하게 작품값을 지불하는 등 그가 작품 활동에 매진할 수 있도록 옆에서 도왔다.

김종희는 장 화백뿐 아니라 예술가들을 지원하기 위한 일들을 계속했다. 그의 사무실이나 집에는 유명·무명 화가들의 작품이 수백 점 넘게 걸려 있었는데, 예술계를 이끌어가는 이들을 향한 아름다운 나눔이었다.

"돈은 우리가 어떠한 목적을 달성하기 위한 수단이지, 돈을 버는 것 자체가 목적이 되어서는 안 됩니다."

김종희는 평소 돈에 대한 철학이 분명했다. 그는 기업을 이끌며 많은 재산을 형성했지만 돈의 가치와 의미에 대해 늘 생각했다. 세실 신부가 그에게 보여준 나눔과 베풂이 가장 큰 가치라고 여겼기에, 그는 한평생 소리 없는 나눔과 아낌없는 베풂에 앞장섰다.

비전 3

생활의 본이 되다

소탈하고 정직하게
그리고 겸손하게

한국화약그룹이 점점 사업 확장을 거듭해나가면서 김종희는 대외적인 활동으로 바쁜 나날을 보냈다. 국내 굴지의 기업의 회장 자리를 지키면서 한편으로 그는 혹 자신도 모르는 사이 교만에 빠질까 걱정하였다.

그러한 이유로 그는 평소 일부러 소탈한 차림으로 다녔고 아주 소박한 삶을 살았다. 소위 명품 같은 건 거들떠보지도 않았다.

게다가 자신을 위해 뭔가 기념하는 것 또한 매우 꺼려했다. 그의 나이 45세가 될 때까지 생일잔치를 해본 적이 없을 정도였다.

할 수 없이 생일잔치를 치른 적이 딱 한 번 있었다. 집을 가회동으로 이사하고 한참이 지났을 때라 집들이를 겸한 것이기도 했다. 잔치라면 질색하던 김종희였지만 그날만은 직원들을 위로하고 격려하기 위해 다함께 흥겨운 시간을 보냈다.

당시 한국화약그룹은 제2정유공장 공모에 선정이 되느냐 마느냐로 한창 기대감에 부풀어 있을 때였다. 그런데 김종희만은 차분한 모습이었다. 가장 유리하다고 여겨졌던 한국화약그룹이 다른 외국 정유회사에 밀려 사실상 공모에 실패했다는 소식을 따로 들은 것이다. 그는 직원들에게 어떻게 말을 꺼내야 좋을지 고민했다.

본인이 가장 착잡했을 테지만 그래도 그는 직원들이 더 걱정되었다. 하여 생전 해보지도 않은 생일잔치를 겸해 직원들을 집으로 모이게 한 것이다. 그리고 그동안 숱한 땀방울을 흘리며 고생한 직원들의 노고를 격려하며 다시 한 번 일어서자는 희망을 다졌다.

이처럼 남을 배려할 줄 알았던 김종희는 또한 항상 겸손했다. 소위 말하는 '있는 체'를 하지 않는 사람이었다. 사업은 개인의 능력이 출중하다고 하여 성공하는 게 아니라는 것을 누구보다 잘 알았기에 승승장구할 때도 그는 겸손하게 자세를 낮췄다.

세계경제 침체의 여파로 인해 불황의 늪을 헤맬 때도 그는 주위 사람들에게 짜증을 내거나 화를 내는 일이 거의 없었다. 자신의 도리를 다한다면 모든 일은 순리대로 되는 것이라고 믿었기에 애먼 주위 환경을 탓하지 않았다.

그러다 보니, 그는 어떠한 목적을 달성하기 위해 법과 규칙을 어기고 편법(정상적인 절차를 밟지 않은 더 간편하고 쉬운 방법)을 일삼는 것을 아주 싫어했다.

"사장님, 이번에 건설업에 진출하려면 면허 문제가 걸리는데요."

"그래, 알고 있네. 그럼 다른 회사를 인수한다든지 하는 방법을 알아봅시다."

"사장님, 뭘 그리 고민하세요? 사장님께서는 높은 분들을 많이 알지 않으십니까? 그분들한테 한마디만 하시면 해결이 될 텐데…."

"예끼, 이 사람아! 그 사람들하고 친하게 지내는 것하고 건설 면허가 무슨 상관이야? 지금까지 정치하는 사람들과 좋은 관계를 유지하기는 했어도 회사 일로 한 번도 부탁은 해보지 않았네. 부탁하는 순간 정치와 경제가 결탁하는 게 된다고! 우리가 누군가? 화약인이지 않나? 화약인은 정직함을 신조로 일해야 하는데 편법을 쓰면 되겠어?"

화약 산업은 정확하게 짜인 틀에 의해 움직여야 했으니 정직이 가장 큰 미덕이었지만 유통업이나 무역업, 다른 제조업은 상대적으로 그렇지 않았다. 다른 회사들과 경쟁도 해야 하기 때문에 어느 정도 융통성도 필요했고 가끔 편법도 필요했다.

하지만 김종희는 이와 같은 회사의 원칙을 분명히 세웠다.

"지금 당장은 손해를 볼 수도 있지만, 정직의 끝에는 분명히 좋은 결과물이 있습니다. 그러니 우리는 편법을 쓰지 말고 정직하고 투명하게 일합시다."

이러한 철학을 고수했기에 훗날 회사의 재정을 공개했을 때에도 별 탈 없이 지나갈 수 있었으며, 국민들에게 신뢰를 얻을 수 있었다.

김종희는 이처럼 누구보다 소탈했고 겸손했으며, 정직한 삶의 본보기를 보이려 노력했다. 그것은 평생 지닌 자신의 신념이기도 했으며 대한민국을 대표하는 기업을 이끌어가는 기업인으로서 마땅히 가져야 할 사회적 책임감에서 비롯된 행동이었다.

마음경영의 본이 되다

사람을 귀하게 여겨라

"이번에 사람들이 많이 지원했습니까?"

"네, 그런데 이번 시험이 좀 어려웠나 봅니다. 시험 도중에 아예 포기하고 나간 사람도 있습니다. 첫 번째 공채시험이라 신경을 더 썼더니 그러나 봅니다."

"허허, 그런가. 참, 내가 아는 사람의 자녀가 이번 시험에 응시했다고 하던데… 혹시 그 사람도 합격자 명단에 있나요?"

"아, 그 사람이요? 능력은 괜찮은데 점수가 2점이 모자라서 합격자 명단에서 제외되었습니다. 사장님께서 부탁받으셨다고 하니, 이 사람까지 1차 합격자로 통보할까요?"

"아닙니다. 결정해놓은 원칙을 깰 수야 없죠. 그 사람에게는 밥이나 먹으면서 내 양해를 구하면 됩니다."

김종희는 아무리 친한 사람의 부탁이라 할지라도 그것으로 회사 일을 결정하지는 않았다.

특히 회사의 직원을 뽑을 때 그가 반드시 지켰던 한 가지 원칙이 있었다. 바로 학연(출신 학교에 따라 연결된 인연), 지연(출신 지역에 따라 연결된 인연), 혈연(같은 핏줄에 의해 연결된 인연)은 철저히 배제한다는 것이었다. 그는 회사에 꼭 필요한 인재만 회사의 일원으로 들였으며, 철저하게 능력 중심으로 직원을 선발했다.

김종희는 또한 사람을 소중히 여겼다. 한 번 자기 사람으로 들어온 이는 내치지 않았다. 상대방이 먼저 마다하지 않는 한 끝까지 같이 가겠다는 주의였다.

"이봐! 이 일을 이렇게 처리하면 어떡해?"

직원들이 큰 실수를 하면 어느 때보다 무섭게 혼을 내기도 했다. 그것이 고의적인 실수가 아닐 때는 눈감아주기도 했으나 그렇지 않을 때는 눈에서 불이 날 정도로 혼쭐을 냈다.

그러나 그것도 잠시, 혼을 낸 다음에는 언제 그랬냐는 듯이 다시 직원들에게 친근하게 다가섰다.

"이봐, 우리 어디 가서 설렁탕이나 한 그릇 먹지."

한마디로 뒤끝 없이, 그 사람의 잘못한 것만 지적했던 터라 직원들은 그를 더욱 인간적으로 느끼며 따랐다.

한국화약주식회사는 젊은이들에게 인기가 많은 직장이었다. 다른 어떤 기업보다 변화하는 미래에 발 빠르게 대응하며 사업을 확장했기에 회사의 장래가 밝았기 때문이다.

또한 사람을 아꼈던 김종희의 인재 중심의 경영도 큰 몫을 했다. 실제로 한국화약주식회사가 직원들에게 좋은 대우를 해준다는 것은 이미 노동조합 조합원들로부터 직접 확인된 바 있었다. 그것은 직원들의 요구가 있기 전에 회사에서 앞장서 직원들의 생활과 복지를 배려한 덕분이었다.

특히 김종희는 화약이란 다소 위험한 산업에 종사하고 있는 직원들에게 항상 고마워했다. 하여 생산 현장에 갈 때면 직원들과 식사를 함께하며 직접 격려하고는 했다. 이런 인간적인 모습 때문에 한국화약에는 유독 평생직장처럼 사회생활을 이어온 이들이 많았다.

"사람은 함부로 써서도 안 되지만 함부로 버리는 건 더욱 안 돼. 사람 귀한 줄 알아야지."

항상 사람을 귀하게 여겼던 김종희의 철학은 오랫동안 한화그룹의 기업 철학으로 이어졌다.

인연을 소중하게 여겨라

김종희는 언제나 인연을 소중하게 여겼다. 다양한 분야의 사람들과 두루 친분이 있어, 그의 인맥은 어떤 경영자보다 두터웠다.

특히 미군과는 각별한 인연이 있었다. 화약공판의 지배인이 되면서부터 시작된 미군과의 인연은 화약 산업의 확장과 함께 더욱 끈끈해졌다.

비전 3

화약 판매의 결정적인 역할을 해준 스미스 장군을 비롯하여 미군 사령부의 장성급인 맥그루더 장군, 메로이 대장과 같은 사람들과도 긴밀한 유대 관계를 맺었다. 장성급 장군들과 인연을 맺다 보니 자연히 나라의 고위급 간부들도 함께 알게 되었는데, 그것은 하나의 네트워크가 되어 김종희가 사업을 펼치는 데 큰 도움이 되기도 했다.

"김 사장은 한국보다 미국에서 더 유명하더군요."

박정희 대통령이 직접 그렇게 표현할 정도로 김종희는 해외의 주요 인사들과 좋은 관계를 맺으며 사업상 파트너이자 동료로 돈독한 유대 관계를 맺었다.

때문에 재계에서는 그를 '민간외교관'이라 부르기도 했다. 정부 차원에서 되지 않는 일이 그를 통하면 가능한 것도 있었다.

그러나 이러한 황금인맥을 가진 그에게도 하나의 철칙이 있었으니 인맥이 독이 되는 일이 없도록 한다는 것이다. 고위 산부급 인사들과 긴밀한 관계를 맺다 보면 회사에 유리한 정보를 미리 알아낼 수 있는 기회가 생기기도 했다. 직원들 중에는 그러한 혜택을 원하는 이들도 있었다. 그러나 그 점에서 김종희는 단호했다.

"내가 그들과 좋은 관계를 맺을 수 있었던 것은 그동안 우리가 합법적으로 교류를 했기 때문입니다. 괜히 어려운 부탁을 하거나 떼를 쓴다면 그 순간부터 그 인맥은 되려 독이 되는 겁니다."

어떻게 보면 고지식해보이는 태도인 것 같지만, 그 고지식함이 있었기에 진정으로 그를 따르는 이들이 그의 곁에 있었고 민간외교관이라는 별칭을 얻을 수 있었던 것이다.

59세의 나이로 김종희가 눈을 감았을 때 조문객들 중에는 외국인도 상당수였다. 먼 길을 마다하지 않고 달려온 이들은 김종희의 죽음을 몹시 애통해했다. 주한 미 대사를 지냈던 리처드 워커는 그를 떠나보내는 자리에서 이런 말을 했다.

"수년 동안 한국에 머물면서 나는 인간관계를 강조하며 소중히 여기는 한국인들의 사고방식에 감탄을 금할 수 없었다. 김종희 회장과는 1960년대 말 인연을 맺었다. 그는 한미 관계를 초지일관 긴밀하고도 우호적으로 유지하고 발전시키는 데 헌신했다. 그 점에서 우리는 마음속으로 통했다고 생각한다. 우리는 한국의 미풍양속에 따라 서로 형님, 동생이라 불렀고 우정도 깊었다. 지금도 그가 나를 매료시킨 점들이 생각난다. 뛰어난 자제력과 통솔력, 자신감이 바로 그것이다. 나는 종종 그에게 이런 말을 하곤 했다. '이봐요, 다이너마이트 김. 당신 몸에는 전기가 흐르는 것 같습니다. 문 쪽으로 등을 돌리고 앉아 있어도 당신이 들어오면 나는 직감적으로 당신인지 알 수 있어요'라고 말이다. 그는 자신의 분야에서 언제나 활기가 넘치는 다이나믹한 사나이였고 비범하게 미래를 내다볼 줄 아는 안목 있는 사업가였다. 그가 그립다."

비전 3

희망의 본이 되다

학교를 세우다

바쁜 삶을 살아가던 김종희도 가정에는 충실하려 노력했던 한 집의 가장이었다.

퇴근 후 집에 들어가면 어머니가 있는 방 안을 들여다보며 혹여 불편한 것은 없는지 이부자리를 살폈다. 아이들이 자고 있는 방에도 들어가 꼭 얼굴을 한 번씩 쓰다듬고는 했다.

"애들아, 아빠다!"

아이들은 잠결에 들려오는 아버지의 따뜻한 목소리를 들으며 더 포근한 잠에 들곤 했다.

어느 날, 김종희는 아침에 등교하는 아이들을 바라보다, 어떤 생각을 하나 불쑥 떠올렸다.

'이전부터 생각해오던 것을 차차 실행해야지. 학교를 세울 때가 됐어.'

김종희는 오랫동안 장학재단으로 학생들을 돕는 일을 해오면서 한편으로 가슴 벅찬 꿈을 품었다. 화약공판을 인수하며 본격적으로 경영을 시작하게 됐을 때부터 세운 목표였으니 아주 오래전부터 품고 있던 생각이기도 했다. 그것은 바로 '학교'를 짓는 일이었다.

"여보, 다른 사업은 그때그때 잘 진행하면서 왜 학교 건설은 계속 미루세요?"

부인 강태영 여사가 퉁을 놓자 김종희가 고개를 흔들며 말했다.

"아니야, 이젠 정말 제대로 추진해보려 해요."

"예, 잘 생각하셨어요."

"지난해부터 형님의 비서들한테 학교 터를 한번 알아보라고 했는데 아직 못 잡고 있다고 합니다."

"참, 그분들이 어디 좀 바쁘나요… 그나저나 어떤 학교를 세우시려고요?"

"고등학교가 좋겠어요."

"음… 그보다는 대학교가 좋지 않나요?"

"나는 학교를 세워 돈을 벌거나 명예를 얻으려는 게 아니에요. 간혹 보면 어떤 사람들은 학교를 짓고 나서 쓸데없는 거드름을 피우는데, 나는 진짜 육영 사업다운 육영 사업을 해보고 싶어요."

"예, 옳은 생각이세요."

"고등학교를 짓겠다는 생각도, 고등학생 즈음 아이들이 가장 감수성이 예민한 때이니, 그 아이들을 잘 보살펴서 제대로 이끄는 게 중요하지 않겠어요? 요새 우리 회사에도 보면, 종종 좋은 대학을 나온 친구들이 재주는 좋은데 자질이 시원찮아서 마음에 안 찰 때가 있어요. 가장 중요할 때 교육을 잘못 받았다는 말 아니겠어요? 그러니 고등학교를 지어서 아이들에게 '전인교육(全人敎育, 지식 향상에만 집중하는 게 아니라 인간이 지닌 모든 자질을 조화롭게 발달시키고자 하는 교육)'을 시켜보고 싶습니다."

김종희는 전인교육의 장으로 고등학교를 선택한 것이었다. 그는 부인과 함께 학교를 지을 만한 터를 보러 다녔다.

"여보, 그럼 천안 신부동 땅이나 한번 둘러보고 갑시다."

"신부동? 거긴 공장을 지으려고 산 땅인데… 너무 외지지 않겠소?"

"학교가 좀 한산한 곳에 있어야 좋죠. 도심 한복판 시끄러운 곳에 있으면 아이들 교육이 제대로 되겠어요?"

"음, 그 말도 맞네. 좋아요. 당신 말대로 한번 가봅시다."

두 사람은 천안시 신부동으로 향했다. 공장을 짓기 위해 오래전에 매입하였다가 다른 곳에 공장을 짓는 바람에 그냥 묵혀둔 땅이 있었다. 오랜만에 다시 가본 신부동의 공터는 한적하면서도 좋은 기운이 흐르고 있었다. 그 땅을 차차히 살펴보던 아내가 물었다.

"여보, 저 뒷산을 뭐라고 부르지요?"

"국사봉, 나라 국(國)에 스승 사(師)를 붙여 국사봉이라고 하지요."

"여보, 이렇게 좋은 터를 두고 왜 딴 곳에서 찾아요? 지금 우리가 서 있는 곳에 교실을 지으면 정남향이 되잖아요. 저렇게 좋은 산도 눈앞에 딱 보이고, 여기가 바로 명당이네요. 예부터 나라의 스승을 길러낼 학교가 들어설 걸 미리 알았나 봐요. 호호호."

"하, 꿈보다 해몽이라더니! 하하."

북일고 설립

이후 천안시 신부동에 학교를 짓기로 결정되었다. 터가 정해지자 그룹 내 건설회사의 움직임이 바빠졌다.

"그런데 회장님, 학교 이름은 뭐라고 하면 좋을까요?"

"음… 천안북일학원(현 북일고등학교)이라고 하면 어떻겠습니까? 북녘 북(北)에 한 일(一)."

'천안북일학원'이라는 이름은 김종희가 어린 시절 다녔던 학교인 '북일사립학교'에서 따와 붙인 이름이었다. 김종희는 세실 신부에 대한 고마움과 북일사립학교에 대한 그리움을 담아 학교의 이름을 지었다.

언제나 나누고 베푸는 삶을 살았던 세실 신부는 김종희에게 삶의 표본이었다. 세실 신부는 본국으로 추방당했다가 다시 한국으로 돌아와 한국 성공회 재건을 위해 힘썼지만 6·25전쟁 당시 북한군에게 납북되는 바람에 3년간 억류되는 고초를 겪었다. 그리고 다시 홀트 주한 영국 공사에 의해 본국으로 돌아갔으나 건강이 악화되어 하느님의 부름을 받고 세상을 떠났다.

언제나 자신의 곁에서 기도를 해줄 것이라 생각했던 세실 신부가 천국으로 떠나자 김종희는 마음이 몹시 아팠다. 그는 세실 신부를 기리는 마음으로 학교 건설 작업에 임했다.

"신 사장님! 이 학교는 모두 최고로 지어야 합니다."

"걱정 마십시오. 교실 바닥은 인조 대리석으로 깔고, 교실 안에는 난방용 라디에이터를 설치하기로 했습니다. 이 정도 시설을 갖춘 고등학교는 전국

어디에도 없습니다."

"화장실도 수세식으로 하는 거죠?"

"네? 수세식으로요?"

"당연하죠. 모두 가장 좋은 것으로 해야 합니다."

"네, 알았습니다."

1975년 학교 건설을 위한 첫 삽을 떴다. 김종희는 20년이 훨씬 넘도록 꿈꾸던 일을 지금에서야 하게 됐다는 사실에 가슴이 벅차올랐다. 그는 어린 시절 너무도 간절히 학교에 다니고 싶었고, 공부하고 싶었으나 뜻대로 하지 못했던 자신의 처지를 떠올렸다. 이제 자신과 같은 학생들에게 조금이나마 도움을 줄 수 있다는 생각에 저절로 콧노래가 나왔다.

'가만있자… 이제 시설을 갖추었으니, 이를 잘 끌어갈 사람들을 모아야겠군.'

학생들을 모집하는 것도 중요했지만, 아이들을 교육할 선생들도 중요했다. 김종희는 40년간 교육계에 헌신해온 충남 출신의 권혁조 교장 선생님을 초대 교장으로 초빙하면서 그에게 이런 부탁을 했다.

"교장 선생님, 저는 학교 운영에는 일절 관여하지 않을 겁니다. 교사 임용도 교장 선생님 책임하에 일류 교사로 뽑아주세요. 그런데 그들을 천안까지 모시고 오려면 그만한 대우를 해야 할 겁니다. 그 걱정은 마세요. 최대한 지원해드리겠습니다."

김종희는 교사에게 살림집을 하나씩 마련해주는 것과 함께 연간 보너스로 600퍼센트라는 파격적 조건을 제시했다.

이후 '천안북일고등학교'로 설립 승인을 받은 뒤 학교를 짓는 일에 더욱 열을 올렸다. 김종희는 육영 사업에 대한 지원을 아끼지 않았다. 그는 주말이면 아내와 함께 건설 현장을 돌아보며 학교에 더 필요한 건 없는지 세심히 살펴보고는 했다.

1. 애국하는 사람
2. 적극적인 사람
3. 합리적인 사람

그는 건물이 완공되기도 전에 커다란 바윗돌 위에 친필로 교훈을 새겼다.
그리고 마침내 모든 공사가 끝나고 천안북일고등학교가 모습을 드러냈다. 신입생은 480명이었다.
1976년 3월 6일, 역사적인 개교 행사가 열렸다. 일반 고등학교 개교식에서는 볼 수 없던 화려한 인사들이 참여해 진풍경을 이루었다. 행정부의 남덕우 부총리, 태완선 상공회의소 회장, 정석모 충남지사, 김옥일 이화여대 총장을 비롯한 각 당의 의원들이 참석한 것이다. 그뿐만 아니라 '미국통'이란 별명답게 스나이더 주한 미국대사와 스틸웰 주한유엔군 사령관, 테일러 주한 이스라엘 대사 등 각계의 인사들이 찾아와 자리를 빛냈다.
언론에서는 개교 며칠 전부터 천안북일고등학교의 최첨단 시설과 화려한 교사진에 주목하며, 김종희 재단이사장의 인재교육을 향한 꿈을 뜻깊게 보도했다.

비전 3

개교식 날 김종희는 사람들 앞에서 이런 포부를 밝혔다.

"천안북일고등학교는 배움에 뜻을 둔 우수한 인재를 발굴하기 위해 지어졌습니다. 본인의 노력 여하에 따라서 경제적인 구애를 받지 않고 마음껏 공부하게 함으로써 국가에 필요한 참된 일꾼으로 길러내자는 것을 기본 목표로 두고 있습니다. 또한 나라를 사랑하는 마음으로 국가와 사회에 기여할 수 있는 인재를 길러내고자 합니다. 진취적인 사람, 적극적인 기상을 지닌 사람, 원리와 원칙을 소중히 하는 합리적인 사람을 길러내기 위한 교육을 펴나갈 것입니다."

김종희의 삶 가운데 가장 뜻깊고 보람되는 순간이었다.

생애 마지막 야구 중계

"여보, 출장 잘 다녀오셨어요?"
"네, 이번에도 잘 다녀왔습니다."
"수고 많으셨어요."
"참, 이번에 우리 학교 학생들에게 주려고 선물을 사왔는데 말야."

김종희의 가방 안에서 볼펜과 공책 등 여러 가지 문구 용품들이 우르르 쏟아졌다. 못 말리는 학교 사랑이자, 학생 사랑이었다.

김종희는 학교를 세울 때 천안북일고등학교를 3년 이내에 명문고등학교로 만들겠다는 목표를 세웠었다. 이후 천안북일고등학교는 그의 바람대로 명문고교로서 착실히 자리를 잡아갔다. 첫 번째 졸업생이 배출되던 1979년에는 전교생 중 98퍼센트가 대학에 합격하는 등 신생 고등학교로서 큰 화제를 일으켰다. 김종희는 어느 때보다 기뻤다.

"이번에 공부하느라 수고한 학생들한테 뭐라도 줄 게 없을까 하고 사온 것이니 내려가서 나눠줍시다."

마치 할아버지가 손주에게 사탕을 나눠주듯, 학생들에게 뭐라도 더 해주고 싶은 마음이었을까. 김종희는 해외 출장을 갈 때도 부인이 부탁한 물건은 깜박 잊을지언정 학생이나 선생님들에게 줄 선물은 잊지 않고 챙겼다.

선물을 들고 학교로 간 김종희는 교장 선생님을 찾았다.

"교장 선생님, 이번에 야구부랑 유도부 성적은 어떻습니까?"
"아주 좋은 편입니다. 둘 다 만들어진 지 2년이 좀 안됐는데도 벌써 전국대회에서 상위권을 다투고 있다니까요."

"허허허, 그래요? 그 녀석들 참 신통방통하네요."

천안북일고등학교는 학업에만 열중하던 곳이 아니었다. '체력이 곧 국력'이란 말도 있듯이 체력이 좋아야 뛰어난 인재가 될 수 있다는 생각으로 각종 운동부를 만들어 학생들이 심신을 함께 단련할 수 있도록 했다.

특히 유도부와 야구부는 만들자마자 좋은 성적을 거두었다. 유도부는 1978년 전국유도연맹전에 출전하여 고등부 3위를 차지한 데 이어 1979년에는 전국고교유도 4강전에서 최고의 실력을 보여주었다. 야구부 역시 봉황기 전국고교야구대회에서 3위를 차지했다. 전국체전에서도 4강까지 올라가는 등 좋은 성적을 냈다.

"이제, 또 봉황기 쟁탈전이 있지요? 그 녀석들, 잘해야 할 텐데요."

"하하, 이사장님이 더 긴장하시는 것 같습니다."

"다들 제 자식들 같아서요. 이번에 좋은 성적이 나와서 우리 북일고 학생들이 더욱 자부심을 가졌으면 좋겠습니다."

1980년 7월 24일, 제10회 봉황기 쟁탈 전국고교야구대회가 개최되었다. 야구협회에 등록된 전국의 고교 야구팀이 모두 나와 고교 야구의 왕좌를 가리는 대회였다. 시합에 참가한 천안북일고는 연일 좋은 성적을 거두었다.

"오늘 우리 애들 야구 시합 있지?"

"예, 회장님. 라디오를 틀까요?"

"그래, 틀어놓게."

라디오를 틀자 경기장의 '와~' 하는 함성이 가득 울렸다. 왁자지껄한 경기장의 소리에 김종희는 흐뭇한 미소를 지었다.

"허허, 천안 촌놈들… 기죽지 말아라!"

김종희는 경기장에 가지는 못했으나 대신 라디오에 대고 힘차게 격려했다.

북일고 선수들은 파죽지세(破竹之勢, 대를 쪼개는 기세라는 뜻으로, 적을 물리치고 거침없이 쳐들어가는 기세를 이르는 말)로 경기를 이끌더니 성남고를 2대 0으로 물리쳤다. 며칠 뒤 이어진 경기에서는 강력한 팀인 부산고도 4대 3으로 이겼다. 이어지는 신일고와의 대결에서도 5대 1로 가볍게 상대팀을 따돌리면서 준결승전까지 올랐다.

"아버지, 오늘 준결승전은 TV로 중계를 해줍니다. 함께 보시지요."

"그래, 그러자."

김종희는 잠시 일손을 놓고 장남 김승연과 나란히 앉아 야구 중계를 지켜봤다. 천안북일고 야구부는 선취점 1점을 올리고 연속 솔로 홈런을 쳐내며 3점을 앞서가고 있었다.

"하하하. 잘한다, 잘해."

김승연은 그러한 아버지를 물끄러미 바라보았다. 지금까지 아버지의 웃는 모습은 많이 봤지만 그때만큼 아이처럼 좋아하는 모습은 처음이었다.

"애야, 결승전이 모레지?"

"네, 배재고등학교하고 붙습니다."

"그래, 우린 TV로 보자. 학교에 연락해서 우리 선수들이 기죽지 않게 응원단 좀 오게 하고."

"네, 그렇게 할게요."

비전 3

김종희도 야구장에서 직접 경기를 보고 싶은 마음이 굴뚝 같았으나, 혹여나 경기에 부담을 줄까 봐 가지는 못했다. 대신 TV 중계로 만족했다.

이윽고 기다리던 결승전이 시작되었다. 전국고교야구대회 결승전의 인기가 어찌나 높았던지, 천안 시내는 중계가 시작되자 거리가 텅 빌 정도였다.

김종희는 긴장된 모습으로 중계를 지켜보았다.

경기는 7회로 접어들었다. 0대 0으로 팽팽한 승부가 이어지고 있던 때 천안북일고가 마침내 절호의 기회를 잡았다. 주자가 모두 살아남아 3루까지 장악한 것이다. 무사 만루였기에 한 사람만 안타를 치면 점수를 낼 수 있는 상황이었다. 그런데 뒤이은 두 명의 주자가 아쉽게 아웃되고 말았다. 마지막 한 명의 타자가 남아 있을 뿐이었다.

고요한 긴장감이 감돌았다. 투수의 공이 던져졌고, '탕' 하는 맑은 소리와 함께 공이 멀리 날아갔다.

"와아~"

탄성이 터졌다. 안타였다. 이로써 천안북일고는 2점을 얻으며, 강력한 우승후보인 배재고를 물리치고 마침내 봉황기를 품에 안았다.

처음으로 맞이한 승리에 선수와 감독, 천안시민들, 한국화약그룹의 직원들이 모두 함께 눈물을 흘리며 감격했다. 창설된 지 불과 2년밖에 되지 않은 신예학교 야구부가 전통의 강호들을 물리치고 우승을 차지했다니, 기적 같은 일이었다.

'그래, 너희들도 성공의 맛을 알겠구나. 이제 더욱 희망을 알겠구나. 그 희망의 빛을 붙잡고 나가면 아름다운 미래가 열린단다.'

봉황기 우승을 거머쥔 야구부는 그 이후 부산에서 개최된 화랑기 쟁탈 전국고교야구대회에서도 정상을 차지하며 2관왕에 올랐다. 이에 김종희는 야구부 임원과 선수 전원을 프라자호텔로 불러 격려했다.

"여러분, 그동안 정말 수고 많았습니다. 우리 천안북일고가 개교한 지 3년 만에 이룬 쾌거입니다. 정말 고맙습니다. 지난 8월 9일 봉황기 대회에서 여러분이 우승하던 날이 제 생애에서 가장 기뻤던 날이 아닐까 싶습니다."

김종희는 1980년의 한가운데를 보내면서 그의 생애 가장 기쁜 날을 즐겼다. 그러나 안타깝게도 그 야구 중계는 그가 생애 마지막으로 본 중계가 되었다.

끝까지 놓지 않았던 희망

우리나라 경제가 20년 만에 처음으로 마이너스 성장을 기록하던 1980년대였다. 대부분의 기업이 고전을 면치 못하고 있었으나, 한국화약그룹은 그 지난해에 비해 매출이 오히려 70퍼센트나 늘어나는 성장을 했다.

기업은 계속 성장했지만, 김종희의 건강은 갈수록 나빠지고 있었다.

"아버지, 이제 쉬셔야 합니다. 이대로 있다간 무슨 일이 생길지도 몰라요."

"당뇨야 원래 가지고 있던 병인데 뭘…."

"그게 아닙니다. 최근 들어 당뇨가 악화돼서 시력도 더 나빠지고, 몹시 피곤해하시잖아요."

악화된 병으로 인해 김종희는 사람의 얼굴을 분간하기 힘들 정도로 시력이 나빠져 있었다. 당뇨는 관리가 제일 중요한 질병이었으나, 김종희는 그동안 사업만 보고 달려왔던 탓에 제대로 자신을 돌보지 못한 것이다. 또한 만병의 근원이라 불리는 스트레스 또한 얼마나 많이 받았는가.

김종희의 몸 상태를 진단한 주치의가 깜짝 놀라며 말했다.

"어이쿠 회장님, 건강 상태가 너무 안 좋습니다. 입원하셔서 치료를 받으셔야 합니다. 회사 일은 이제 아드님도 계시고 다른 경영진도 계시니 맡기십시오."

"아닙니다. 그 사람들을 못 믿는 게 아니라, 저도 나름대로 할 일이 있어서 그럽니다. 아프다고 병원에 누워 있으면 더 아프기만 해요. 이젠 나도 좀 힘이 드니 불편하면 바로 찾아오겠습니다."

하지만 병원에 머무르는 것도 잠시, 김종희는 다시 회사 일정에 따라 바쁘게 움직였다. 그렇게 또 얼마쯤 지났을까, 병은 점점 더 악화되어갔다.

"회장님, 신장 상태가 너무 안 좋습니다. 교환수혈을 해야 합니다."

병원에서는 교환수혈을 서둘렀다. 교환수혈이란 한쪽에서 피를 뽑아내면서 다른 한쪽으로 피를 수혈하는 방법을 말한다.

김종희는 병원의 치료에도 이미 신장의 기능이 많이 망가져 몸이 몹시 부었다. 어떤 날은 얼굴을 못 알아볼 정도로 통통 부어 곁에 있는 이들의 마음을 아프게 했다.

교환수혈을 해야 하는 고통스러운 순간에는 가족들이 그의 곁을 지켰다.

수혈 시간은 보통 네다섯 시간이 걸렸다. 장남 승연은 치료하는 동안 지루해할 아버지를 위해 살뜰히 병상을 지켰다.

"아버지가 좋아하시는 예전 노래 틀어드릴까요?"

"아니다. 오늘은 책을 읽고 싶구나. 지난번에 보던 책을 다 못 읽은 것 같은데…."

"네, 테이프 틀어드릴게요."

시력이 급격히 나빠진 아버지를 위해 승연은 아버지가 평소 좋아하던 책을 아나운서의 목소리로 녹음해놓았다. 김종희는 병실에 누워 있는 시간 내내 책을 귀로 들었다. 그러다가도 금세 회사 일을 걱정하곤 했다.

"아버지, 오늘은 특별한 일정도 없는데 그냥 병원에서 쉬시죠."

"아들아, 이건 못할 짓이다. 원… 이렇게 있다 보면 없던 병도 생기겠다. 게다가 병원에 누워 있으면 죽을 병 걸렸다고 쓸데없는 소문만 난다."

"소문나면 어떻습니까?"

"모르는 소리! '발 없는 말이 천 리 간다'라는 속담도 있지 않으냐? 애꿎은 소문이 나봤자 좋을 거 없다. 나는 절대 쓰러지지 않는다. 내 염려 말고 회사 발전에 더욱 정진하도록 해."

김승연은 병실에서도 회사만 걱정하는 아버지가 안타까우면서도 연민이 느껴졌다. 평생을 화약에 자신의 모든 것을 바친 사람, 그래서 자신의 몸 돌볼 사이도 없던 사람, 그러나 끝까지 회사를 걱정하던 사람이 바로 자신의 아버지였다.

김종희는 신체 기능이 급격히 떨어지기 시작하면서 생활 속에서도 증세가 명백하게 드러났다. 하루에도 수십 개씩 올라오는 서류를 처리할 때 결재란 바깥에 사인을 한다거나, 자주 피곤해하는 모습을 보였다.

김종희는 이제 천국으로 떠날 때가 되었음을 느꼈다. 그는 가만히 눈을 감고 생각에 빠졌다.

'아, 그리운 분들이 참 많구나. 저 하늘나라에 가면 우리 아버지, 어머니도 뵐 수 있겠지? 그리고 저곳에는 세실 신부님도 계실 거다. 그분께서는 내게 진정으로 가치 있는 삶이란 무엇인지 알려주셨어. 그동안 모든 걸 지켜보셨겠지. 모두들 참 그립구나.'

천안북일고 야구부가 봉황기 우승을 차지하며 김종희에게 생애 최고의 기쁜 날을 선물했던 그날로부터 1년이 지난 1981년 7월 23일, 그는 숨을 거두고 그리운 이들이 있는 곳으로 홀연히 떠났다.

갑작스런 이별에 많은 이들은 슬픔을 감추지 못했다. 자신의 생을 다할 때까지 일을 손에서 놓지 않았던 김종희, 그는 쉼 없이 타는 불꽃처럼 환한 빛을 내며 세상에 따뜻한 온기를 남겼다.

현암, 꺼지지 않는 불꽃이 되어

해마다 서울 여의도에서는 밤하늘을 아름답게 수놓는 불꽃들의 축제가 펼쳐진다.

한화그룹은 10년 넘게 사회공헌 사업으로 '서울세계불꽃축제'를 주최하고 있다. 서울세계불꽃축제뿐만 아니라 전국에서 열리는 축제와 행사에서 한화는 아름다운 불꽃놀이를 선보이며 사람들에게 잊지 못할 추억과 감동을 선물하고 있다.

오색찬란한 빛으로 환상적인 장면을 만들어내는 불꽃 속에는 한화의 창업자 김종희의 꿈과 바람이 담겨 있다.

김종희는 한국화약그룹을 이끌 당시 '연화(煙花)'라 불리는 불꽃놀이 폭죽을 만드는 일에 투자를 아끼지 않았다. 1957년 불꽃놀이가 생소하던 시절, 김종희는 3·1절 경축행사에서 폭죽을 쏘아 올리며 불꽃의 아름다움을 국민들에게 처음으로 선보였다.

한국화약그룹은 그 이후 화약 생산과 더불어 연화 개발에도 주력했다.

"사장님, 연화 생산은 사업성으로 보면 수지(거래 관계에서 얻는 이익)가 맞지 않습니다."

많은 이들이 연화 사업은 돈이 되지 않는다며 포기하자고 했다. 하지만 김종희는 불꽃놀이야말로 화약이 보여줄 수 있는 가장 아름다운 모습이라고 생각했다.

사람들에게 기쁨을 줄 수 있으면서, 동시에 화약의 우수성과 한화의 기술

비전 3

력을 알릴 수 있기에 김종희는 연화 사업을 포기하지 않았다. 이후 본격적으로 연화 사업을 시작한 뒤 꾸준히 다양하고 화려한 연화를 개발했다.

그리고 1973년, 한국화약은 장난감 연화를 개발해 일본에 수출하는 성과를 거뒀다. 그 이듬해에는 연화를 미국으로 수출해 30만 달러어치의 수익을 냈다. 그 이후에도 지속적으로 높은 품질의 연화를 개발했고, 미국 독립 200주년 행사에서 쓰일 축제용 연화 200만 달러어치를 수출하는 등 한국의 연화 사업의 새로운 역사를 썼다.

어찌 보면 연화 개발은 그의 기업 인생에서 반드시 필요한 과제는 아니었을지도 모른다. 하지만 그는 한평생 자신의 이익보다는 국민들의 마음을 기쁘게 하고 나라를 위하는 일을 우선시했던 기업인이었다. 그러한 그의 마음은 지금 한화그룹 사회공헌을 통해 이어지고 있다.

김종희의 삶과 정신은 꺼지지 않는 불꽃이 되어 지금도 아름답게 빛난다.

김종희의
성공법칙

사람이 곧 재산이다!

여러분은 어떤 사람이 부자라고 생각하나요? 언뜻 생각하기에 돈이 많거나 땅과 건물 등 재산을 많이 가지고 있는 사람이 부자라고 생각할 것입니다. 하지만 김종희에게 재산은 돈과 건물 같은 것이 아니었습니다. 김종희에게 재산은 곧 '사람'이었습니다.

김종희는 넓고 두터운 인맥(人脈)으로도 유명했습니다. 인맥이란, 나를 중심으로 마치 거미줄처럼 연결되어 있는 사람들과의 인연을 말합니다. 그런데, 어떻게 하면 인맥의 달인이 될 수 있을까요? 미국의 유명한 CEO들을 대상으로 한 어느 조사 결과에 따르면, 그들은 바로 '아랫사람을 존중하고 배려하는 것'을 비결로 꼽았습니다.

김종희 역시 이러한 인맥의 달인이었습니다. 그는 항상 진심으로 사람을 대했죠. 청년 시절 일본인 회사에서 일할 때에는 배움을 주고자 한 일본인과 진심을 나누었고, 이후 회사를 이끌어나갈 때도 아무런 대가 없이 주변을 돕고 인성을 베풀었습니다. 그런 이유로 그의 곁에는 직업과 연령, 국적을 불문한 다양한 이들이 많았습니다.

또한 회사에서는 언제나 지위가 높고 낮음을 떠나 직원들이 편안하게 대할 수 있도록 배려했습니다. 그들이 회사의 일원임을 자랑스럽게 여길 수 있도록 그들에게 자신감과 자부심을 불어넣어 주었습니다. 덕분에 그의 주위에는 진정으로 그를 존경하며 따르는 이들로 넘쳤고, 어려운 고비가 올 때에는 그들과 함께 힘을 합쳐 위기를 넘겼습니다.

사람이 곧 재산입니다. 앞으로 많은 사람과 관계를 맺으며 살아가야 하는 여러분 역시 사람과 사람 간의 모든 인연을 귀하게 여겨, 거센 풍파에도 함께 손잡으며 일어설 수 있는 힘을 얻으시길 바랍니다.

3. 김종희 할아버지, 질문 있습니다!

아무도 거들떠보지 않던 일을 기꺼이 선택하고, 자신이 선택한 분야에서 최선의 노력을 다하여 성공신화를 써내려간 김종희!

길지 않은 인생 속에서 책임과 의무, 또 사랑을 몸소 실천하는 삶을 살았던 그가 지금 우리 곁으로 돌아온다면 과연 어떤 이야기를 들려줄까?

할아버지의 호가 '현암'입니다. '현암'의 의미는 무엇인가요?

 현암(玄巖)이라는 뜻을 풀이하면 '검은 바위'를 의미합니다. 오랜 세월이 흘러도 변하지 않는 현암처럼 단단하고 굳은 심지를 지닌 사람이 되고 싶은 바람이 있었습니다. 30세에 시작하여 29년간 기업을 이끌어오면서 경영자로서 가장 중요하다고 여겼던 마음가짐 가운데 하나는 바로 '초심을 잃지 않는 것'이었습니다. 경영자가 처음에 가졌던 신념과 열정을 잃어버리면 기업은 갈피를 못 잡고 이리저리 흔들리게 마련이지요. 변치 않는 신념과 한결같은 열정으로 기업을 이끌고 지혜로운 삶을 살고 싶은 바람에서 현암이라고 지었습니다.

 할아버지는 다른 많은 사업 중에도 다소 위험한 화약 산업에 뛰어드셨어요. 위험한 분야의 일을 하게 된 것에 혹시 후회해본 적은 없으세요?

 화약은 위험하지요. 조심히 다루지 않으면 언제 터질지 모르는 게 화약이니 말입니다. 하지만 정확한 시스템으로 제대로 생산하고 관리한다면, 오히려 세상을 지켜주는 역할을 하는 것이 바로 화약입니다.

　물론 사람들이 화약 산업을 한다고 할 때 처음에는 다들 꺼려했습니다. 그때에는 화약의 품질도 낮고 관리하는 기술도 부족했던 탓에 더욱 위험했거든요. 하지만 저는 화약 산업에 대한 확고한 신념이 있었기 때문에 두렵지 않았습니다.

　우리나라가 근대화로 진입하기 위해서는 반드시 화약 산업이 필요했습니다. 저에게는 그러한 확신이 있었기에, 화약계의 등대수가 되기로 작정했죠. 한국화약이 꿋꿋이 화약계를 지켰기 때문에 우리나라 화약 산업이 제때에 자리 잡을 수 있었고, 이를 바탕으로 우리나라 경제 발전에 조금이나마 보탬이 될 수 있었으니 저는 굉장한 보람을 느낍니다.

화약이 주는 매력이 무엇인가요?

　화약은 진실합니다. 조건이 맞추어지면 반드시 폭발하지요. 그렇지만 화약은 정해진 장소에서 정해진 시간에 폭발하지 않으면 안 됩니다. 잘못하면 큰 사고로 이어질 수 있기 때문입니다. 그래서 화약을 만드는 사람은 경영자를 중심으로 관리자, 기술자, 기능원 모두 화약처럼 진실하고 정직해야만 합니다.

　이처럼 화약은 많은 이들의 정직하고 성실한 손길이 합해졌을 때 화려한 불꽃을 터트리며 자신의 역할을 다합니다. 바로 그런 면이 화약의 매력입니다. 어떤 편법이나 안이함이 통하지 않는 정직한 세계, 그 진실함이 저를 이끌었습니다.

할아버지는 기업의 이익보다 나라를 먼저 생각하셨잖아요. 특별한 이유가 있었나요?

우리나라가 일제 치하에서 억압받던 시절에 청소년기를 보내면서 저는 나라를 잃은 슬픔이 무엇인지 알았습니다. 또 해방이 된 뒤에도 한국전쟁으로 인해 폐허가 된 나라를 보면서 어떻게 하면 나라에 보탬이 될 수 있을지를 고민했죠.

한국화약은 사업을 통해 나라와 사회에 기여한다는 사업보국의 이념을 가지고 시작한 것이었습니다. 저뿐만 아니라 그 시대에 기업을 이끈 경영자들 대부분이 저와 같은 마음이었을 것입니다. 모두 나라 잃은 서러움을 경험해보았기에 나라를 굳건하게 만드는 일이 그 어떤 것보다 우선순위였죠. 요즘은 예전보다 국가관(나라에 대한 가치관이나 태도)이 희미해졌지만, 여러분들도 우리를 둘러싸고 있는 국가라는 울타리를 소중히 여기는 마음을 가졌으면 좋겠습니다.

할아버지의 좌우명이 궁금합니다. 알려주세요.

나의 좌우명은 '스스로 쉬지 않고 노력한다' 입니다. 쉬지 않고 노력하는 일이 결코 쉬운 일이 아니라는 건 잘 알 거예요. 끊임없이 자신을 채찍질하고 일으켜야 하는 일인데, 한 가지 좋은 방법을 알려드리겠습니다. 바로 꿈을 가지고, 꿈을 향해 긍정적으로 바라보며 나아가는 것입니다.

한국화약주식회사를 처음 설립했을 때 제 꿈은 하나였습니다. '순수한 국내 기술로 화약을 만든다'라는 것이었지요. 저는 국산 화약 생산에 대한 꿈을 이루기 위해, 꾸준히 연구하며 쉼 없이 노력했습니다. 그런 노력이 있었기에 비로소 국내 최초로 화약을 생산해 낼 수 있었죠.

여러분도 잘 아는 발명왕 에디슨 역시 99번의 실패가 아닌 99번의 도전 끝에 성공을 이루어낸 것입니다. 그만큼 쉬지 않고 노력했기 때문에 오늘날 그를 발명왕으로 기억하며 기리는 것입니다.

어디 그뿐인가요? 다이너마이트를 만든 노벨 역시 꾸준한 노력 끝에 인류의 최고 발명품이라 말하는 다이너마이트를 만들어낼 수 있었습니다. 실제로 그는 폭발 시험을 위해 외딴 바다 위에서 성공할 때까지 수차례 실험을 했다고 합니다. 이처럼 노력 없이 얻어지는 것은 아무것도 없습니다.

또, 제가 평소에 자주 쓰는 말이 있습니다. 바로 '어제보다 오늘이, 오늘보다 내일이 좋아진다'라는 말입니다. 노력은 더 나은 내일을 선물합니다. 여러분도 어떤 위기에 부딪혀 힘이 들 때면 이 말을 기억해보세요. 앞으로 나아가고자 하는 노력이 있다면, 분명히 우리의 내일은 더욱 행복한 나날이 될 것입니다.

'인맥의 달인'이 될 수 있었던 할아버지만의 비결은 무엇인가요? 요즘 친구 사귀는 일이 참 힘든데 조언을 부탁드려요.

제 인생에서 참으로 많은 분들이 저에게 많은 도움을 주었습니다. 아마 그들이 없었다면 지금의 한화는 없었을는지도 모릅니다.

사람의 마음을 얻은 일은 결코 쉬운 일이 아닙니다. 하지만 내가 먼저 진심을 다하면 언젠가는 상대방의 진심이 부메랑처럼 되돌아오죠. 제가 사업을 하면서 각계 인사들과 좋은 관계를 유지할 수 있었던 것은 이윤 관계를 떠나 인간적으로 다가섰기 때문입니다.

또, 인간관계는 한번 맺는 것으로 끝나는 게 아닙니다. 좋은 인간관계를 유지하기 위해서는 끊임없이 노력해야죠. 사람을 만나는 기회를 자주 만들고, 그들과 진심을 주고받다 보면 자기도 모르는 사이에 관계의 폭이 넓어집니다.

하지만 인간관계에서 제가 지켰던 철칙이 있었습니다. 잘 안다고 해서 상대방을 불편하게 하거나 곤란하게 만들지 않는다는 겁니다. 사업을 하다 보면 부탁을 할 수도 있고 높은 지위에 있는 사람의 힘이 필요할 때도 있지요. 말 한마디에 어려운 문제가 한꺼번에 풀리는 경우도 더러 있을 수 있습니다. 하지만 저는 그런 편법은 되도록 멀리 했습니다. 오히려 그렇게 철칙을 지키다 보니 언제 만나더라도 기쁘게 만날 수 있고, 정말 필요할 때에는 아무런 대가 없이 서로 도움을 주고받을 수 있는 진실한 관계를 유지할 수 있었습니다.

 할아버지는 주한 그리스 명예총영사에도 임명되셨는데, 주로 어떤 일을 하셨나요?

 저는 기업을 운영하며 외국과 많은 인연을 맺었습니다. 해방 전후 화약 산업을 했을 때부터 일본과 왕래를 했고, 이후 미군과도 계속 친분을 유지했지요. 그렇게 외국과 교류를 하다 보니 자연스럽게 다른 나라들과도 인연을 맺게 되었답니다.

그리스 명예총영사에 임명된 것은 1967년도였습니다. 그리고 1970년대 이르러서는 외무부가 중심이 되어 기업인과 각 나라를 연결해주는 일이 많아졌죠. 기업이 나라와 관계를 맺는 과정에서 사업적으로도 교류하며 나라 간 소통을 원활하게 하는 다리 역할을 할 수 있기 때문이에요.

그 과정에서 저는 그리스와 인연을 맺었습니다. 이후 꽤 오랫동안 그리스와는 좋은 관계를 유지했죠. 그 당시 명예영사라고 하면 본래 여권이나 비자 발급과 같은 영사 업무도 담당하지만, 그보다는 그리스와 우리나라 양국 간의 교류가 원만하게 되도록 하는 민간외교관 역할이었습니다. 비록 개인이지만 나라와 나라를 연결해주는 역할을 하는 셈이었지요. 그 점에서 자부심이 컸습니다.

그리스 명예총영사를 오랫동안 지내며 나름대로 열심히 활동을 했기 때문에 그리스 정부에서도 그 공을 인정해주었고, 그리스 정부에서 주는 상까지 탔으니 더없이 명예로운 일입니다. 당시에는 우리나라 국민들에게 그리스는 그다지 알려져 있지 않은 나라였습니다. 저로 인해 우리 국민들이 그리스를 알게 되었고, 그리스 내에도 동방의 작은 나라인 한국을 알 수 있었으니 두 나라 모두에게 유익한 일을 했다고 생각합니다.

할아버지는 소탈한 분으로도 유명한데요, 할아버지는 사치를 싫어하시나요?

보통 대기업의 회장이라고 하면 모두 화려한 생활을 할 것이라고 여길 겁니다. 그런데 저를 옆에서 지켜본 사람들은 알겠지만 저는 원래 시골 사람인데다, 겉으로 화려해보이는 건 별로 좋아하지 않아요. 겉이 화려할수록 속이 비어 있는 경우도 많이 보아왔기 때문에 사치스러운 생활을 멀리 했습니다.

제가 자주 쓰는 말이 있습니다. '탐욕은 끝이 없고 탐욕을 버리지 않으면 개인은 황폐해진다.' 이 말은 성경에도 나오는 말입니다. 사람이 겉모습에 너무 치중하다 보면 욕심이 생기고, 그 욕심은 탐욕을 만들어냅니다. 그러다 보면 자신이 쫓고자 했던 꿈이 아닌 다른 것에 매이기 마련이지요. 저는 늘 그런 점을 조심했고, 언제나 소박한 삶을 살려고 노력했습니다.

평소 이웃을 도울 때 자신의 이름을 밝히는 걸 무척 싫어하셨다고 들었습니다. 특별한 이유가 있으셨나요?

나눔은 받는 이가 모르게 할 때 가장 빛납니다. 성경에도 보면 오른손이 하는 일을 왼손이 모르게 하라는 말씀이 있어요. 그만큼 나누고 베푸는 일은 소리 없이 하라는 이야기지요.

저는 제 인생에 큰 영향을 준 세실 쿠퍼 신부님의 삶을 본받아 그대로 실천하려 애썼습니다. 그분의 삶은 아낌없이 나누고 베푸는 삶이셨지요. 세실 신부님은 자신의 선행에 일부러 어떤 흔적도 남기지 않으시고 홀연히 세상을 떠난 분입니다.

자신의 선행을 공공연하게 떠들지 않아도 저처럼 많은 이들이 그분을 기억하고 그분의 정신을 배우려고 하지 않습니까? 저 또한 그런 삶을 살고 싶었습니다. 비록 작은 나눔일지라도 받는 이에게 보탬이 되고 살아가는 힘이 된다면 그것으로 저는 만족합니다.

 할아버지께서는 이웃을 위해서 돈을 쓸 때 어떤 원칙이 있으셨나요?

 물론 돈에 대한 철저한 철학이 있었답니다. 저는 객쩍은 일에는 절대로 주머니를 열지 않았습니다. 돈은 정말 필요한 곳에 쓰일 때 돈으로서 가치가 있기 때문입니다.

그리고 정말 도움이 필요한 이들은 아낌없이 돕되, 필요한 모든 것을 주지는 않는다는 원칙이 있있습니다. 돕더라도 100퍼센트 다 돕는 것보다는 자신이 노력해서 채울 수 있는 여지를 남겨두고 돕는 게 맞다고 생각합니다. 잘못하다가는 그 사람이 자립할 수 있는 의지를 꺾을 수도 있기 때문입니다.

돈을 쓸 때에는 나름의 철학이 있어야 합니다. 돈은 어떠한 목적을 이루기 위한 수단이 되어야 합니다. 돈 자체가 목적이 되면 아주 위험합니다. 그런 사람은 돈은 많이 벌 수 있을지 몰라도 내면이 아름다운 사람이 될 수는 없어요. 돈은 잘 사용하면 유익하지만 잘못 사용하면 독이 되는 거죠.

할아버지는 돈도 많이 나누셨지만 교육에도 많이 공을 들이셨잖아요? 천안북일고의 설립은 할아버지의 삶에서 가장 보람 있는 나눔이었던 것 같아요.

 맞습니다. 학교를 설립하면서 생각한 것은 하나였습니다. 사업을 통해 나라에 기여하겠다는 마음을 가졌던 것처럼, 천안북일고 역시 투철한 애국심으로 국가와 사회에 기여할 수 있는 인재를 길러내자는 목표가 있었습니다. 전국에서 제일 가는 명문 학교로 만들려 노력했죠. 한때는 회사가 경영상 위기를 맞아 휘청거릴 때도 있었지만 회사가 아무리 어려워도 학교 경영은 멈출 수 없었습니다.

이처럼 천안북일고등학교 설립으로 육영 사업을 할 수 있었던 것은 큰 행운이었고 가장 보람된 일이었습니다. 지금도 저는 학교에 돈을 투자해 일방적인 지원을 해주었다기보다, 살면서 더 많은 것을 함께 나눌 수 있는 기회가 되었고, 이로써 오히려 제가 더 큰 기쁨을 얻었다고 생각합니다.

마지막으로 할아버지의 사업 성공 비결과 앞으로 꿈을 안고 나갈 친구들에게 한 말씀해주세요.

 저는 '성공한 기업가'라는 수식어보다는 '평생 화약장이로 살았던 기업가'라는 말을 더 좋아합니다. 화약계를 지키는 등대수로서 나라에 보탬이 될 수 있었던 보람된 삶이라고 자부하니까요. 물론 화약 산업 이후 다양한 분야도 함께 일구었지만, 그래도 저의 열정에 도화선이 되었던 것은 역시 초창기에 했던 화약 산업이었습니다.

제가 성공할 수 있었던 비결은 세 가지가 있습니다.

첫째, 꿈이 있었기 때문입니다. 화약을 내 손으로 만들겠다는 꿈, 화약계를 지키는 등대수가 되겠다는 꿈, 사업으로 나라와 사회에 기여하겠다는 꿈… 저는 늘 가슴을 벅차게 하는 꿈을 품었습니다. 기업인은 끊임없이 변화하는 시대에 반 발짝 앞서 설어가는 창조자가 되어야 합니다. 꿈은 그것을 가능하게 해줍니다. 꿈이 없으면 당장 돈을 벌 수 있어도 절대 큰 그림을 그릴 수는 없죠.

둘째, 노력을 사랑했기 때문입니다. 앞서 말했듯 저의 좌우명은 '스스로 쉬지 않고 노력하자'이지요. 노력만큼 무서운 것도 없습니다. 노력하는 사람을 못 당한다는 옛말이 있듯이 꿈만 가지고는 안 됩니다. 그에 따르는 노력이 반드시 필요하죠. 저 역시 끊임없이 연구하고 발로 뛰며 노력을 게을리하지 않았기 때문에 변화하는 사회에 발 빠르게 대응할 수 있었어요.

마지막 비결은 '마음 기술(mind tech)'이 있었기 때문입니다. 기업을 이끌려면 한 분야에 대한 전문적인 지식과 기술도 중요하지만, 감각적인 경영 능력도 아주 중요합니다. 그러려면 마음 기술 능력이 있어야 합니다. 달리 말하면 인간관계 기술이라고도 할 수 있겠네요. 지금까지 저는 수많은 사람들을 만나며 언제나 그들에게 인간적으로 대하려 노력했습니다. 사람들의 이야기를 들을 땐 경청하는 자세로 늘 메모하면서 들었죠. 사업은 사람과 사람이 만나서 하는 일이기 때문에 이러한 인간적인 교류가 없이는 원만히 하기가 어렵습니다.

하지만 사실 성공의 비결은 그리 특별한 게 없습니다. 이러한 평범한 것들이 자신만의 것이 되었을 때 큰 효과를 발휘하는 것입니다.

그리고 여러분은 주변에서 흔히 말하는 것처럼 돈을 많이 벌어 부자가 되는 것을 성공으로 생각하지 않았으면 합니다. 진정한 성공은 자신의 꿈을 가지고 즐거운 마음으로 부단히 노력했을 때 다가오는 것입니다. 여러분들도 자신을 행복하게 하는 빛나는 꿈을 찾으시기 바랍니다.

에필로그

미래를 바꾸는 희망의 지도를 그려라

김종희 회장의 부음이 전해졌을 때 세상은 그의 이른 죽음을 무척이나 안타까워했다. 59세의 짧은 인생을 치열하게 살았던 김종희 회장이 자신의 모든 불꽃을 터뜨리지 못한 채 세상을 떠났기 때문이다. 마지막 순간에도 그는 모든 국민들이 행복하게 사는 대한민국의 미래를 그리며 눈을 감았다.

아버지의 꿈을 누구보다 잘 알고 있던 김승연 회장은 한국화약그룹을 한화그룹으로 바꾼 뒤 기업을 진두지휘해나갔다.

이후 한화그룹은 김종희 회장의 철학을 이어받아, 김종희 회장이 평생 기업인으로서 지녔던 사업보국이란 꿈, 나눔의 꿈을 실현시켜나갔다.

1950년대 전쟁 이후 폐허가 된 땅 위에 세워진 한국의 수많은 기업 중에 현재까지 남아 있는 기업은 손에 꼽힐 정도다. 그 가운데 한화그룹도 속해 있다. 이것은 창업주 김종희 회장이 자신만을 위한 사업이 아닌, 나라와 사회, 그리고 이웃을 위한 정직과 성실의 길을 선택했기 때문에 가능한 일이었다.

김종희의 철학과 정신을 그대로 이어받은 한화는 급속도로 발전하는 한국경제의 도화선이 되며 우리나라가 글로벌 시대에 일류 산업국가로 발전하는 데 크게 한몫했다.

동양의 격언 중에 '한 세대가 나무를 심으면, 다음 세대는 그늘을 얻는다'

라는 말이 있다. 비록 나무를 심은 시대의 사람들은 그늘을 얻지 못할지언정, 이전 세대의 노력으로 후대는 편안히 그늘을 누릴 수 있음을 의미하는 말이다.

김종희 회장의 삶도 그러했다. 확고한 신념을 가졌던 한 기업인이 심어 놓은 수많은 그루의 나무가 있었기에 지금 우리 세대는 성장과 발전이라는 시원한 그늘을 얻고 있는 것이다.

이제는 여러분의 차례다. 선조가 그랬던 것처럼, 여러분도 다음 세대를 위한 나무를 심는 것이다. 그러기 위해 김종희 회장처럼 큰 꿈을 갖고, 지금보다 더 나은 미래를 만들기 위해 부단히 노력하자. 가슴 벅찬 꿈이 여러분을 아름다운 내일로 이끌어갈 것이다.

현암 김종희 회장 연보

■ : 시대 배경
■ : 김종희 회장 한화그룹 성장사

1922 — 어린이날 제정
충청남도 천안군 천안면 부대리 출생

1929 — 광주학생항일운동
광주에서 시작해 전국에서 벌어진 학생들의 시위운동으로 3·1운동 이후 가장 큰 규모의 항일운동

1931 — 김구, 한인애국단 조직
대한민국 임시정부가 일본의 주요 인물 제거를 목적으로 상하이에서 만든 항일독립운동 단체

1936 — 손기정, 베를린올림픽 마라톤 우승
일제강점기에 올림픽에 나가 가슴에 일장기를 단 채 우승
성환공립심상소학교 고등과 1년 수료

1938 — 한글 교육 금지
일본이 시행한 민족말살 정책의 하나

1940 — 한국 광복군 창설
중국 충칭에서 조직한 대한민국 임시정부의 군대
경기공립상업학교 4년 중퇴

1932
이봉창, 일왕에 폭탄 투척
윤봉길, 상하이 홍커우 공원에 폭탄 투척

1933
한글맞춤법통일안 제정
1933년 조선어학회가 제정·공표한 국어정서법 통일안

1935
직산공립보통학교 졸업

1941
대한민국 임시정부 건국 강령 발표, 대일 선전포고

원산공립상업학교 졸업

1942
조선어학회 사건
민족말살 정책에 대항하여 한글 연구를 하던 조선어학회 회원을 일본이 탄압·투옥한 사건

조선화약공판주식회사 입사

1944
화약공판 생산부 다이너마이트계 계장 승진

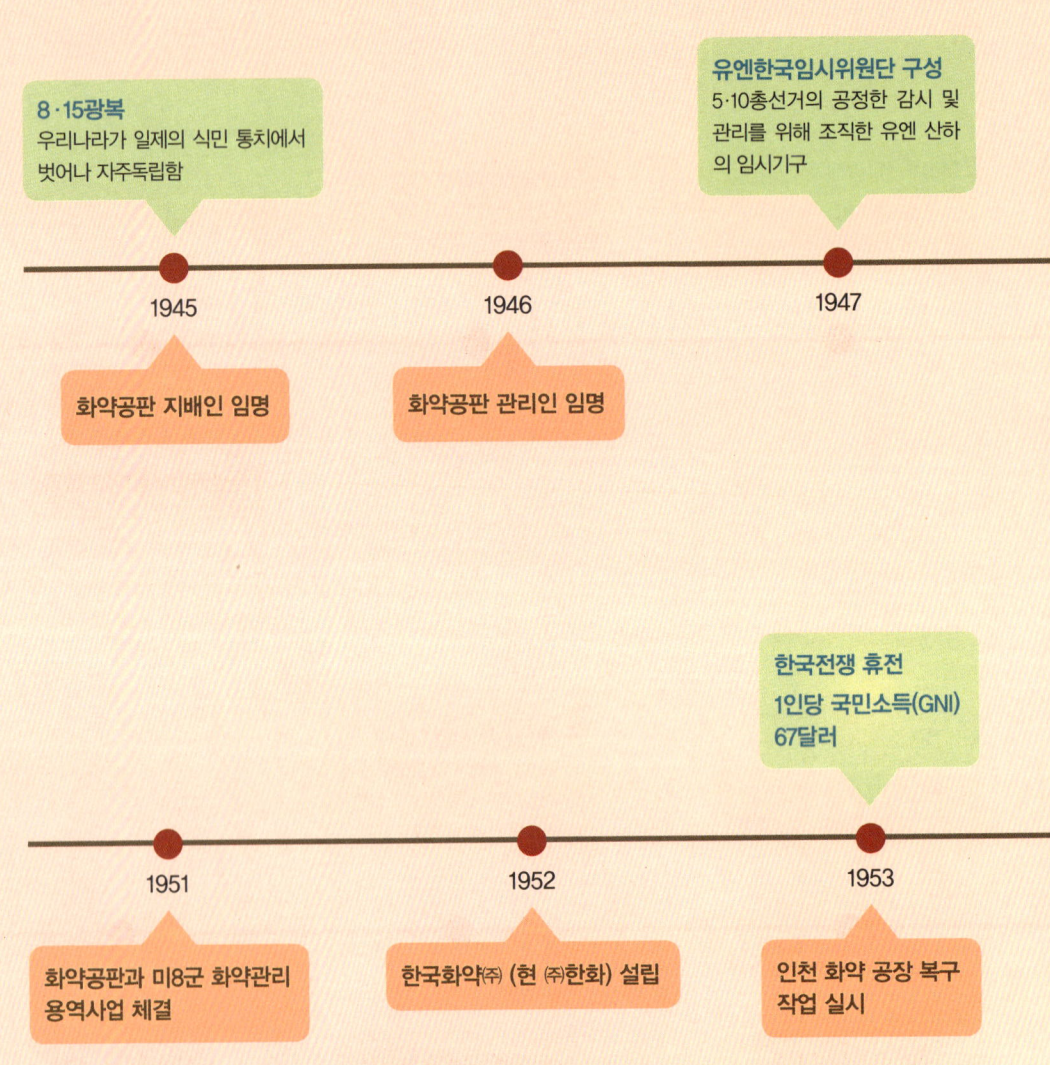

제주도 4·3사건
미군정 체제의 사회 문제와 남한 단독정부 수립에 반대하는 과정에서 제주도에서 일어난 민중항쟁

여수·순천사건
일부 군인들이 제주도 4·3사건 진압 출동을 거부하고 대한민국 단독 정부를 저지하려고 일으킨 사건

5·10총선거 실시
우리나라 제헌국회를 구성하기 위하여 남한에서만 실시한 국회의원 총선거

대한민국 헌법 공포
대한민국 정부 수립
이승만 대통령 취임

한국전쟁 발발
남한과 북한 사이에 벌어진 대규모 전쟁. 6·25전쟁이라고도 함

농지개혁 실시

―――●――――――――――――――――●―――
　1948　　　　　　　　　　　　　　1950

화약공판 부산영업소로 피난

한글학회, 우리말 큰사전 완간
한글학회에서 엮어 을유문화사에서 간행한 대규모 국어사전

―●―――――――●―――――――――●―――
1955　　　　1956　　　　　　　1957

인천 화약 공장 인수　　초안폭약 생산 개시　　니트로글리세린 시험 생산 성공

4·19혁명
1960년 4월 자유당 정권이 개표를 조작하자, 부정선거 무효와 재선거를 주장하며 학생들이 중심이 되어 일으킨 혁명

1958 — 다이너마이트 생산 개시

1959 — 한국화약, 화약류 완전 국산화 대체공급 개시

1960

1964 — 신한베어링공업㈜ 인수

1965 — 한국화성공업㈜ (현 한화석유화학㈜ 및 한화L&C㈜) 설립

1966 — 태평물산㈜ (현 ㈜한화/무역) 설립

1961
5·16
박정희의 주도로 일부 군인들이 제2공화국을 무력으로 무너뜨리고 정권을 장악한 사건

서울 텔레비전 방송국(KBS) 개국

1962
제1차 경제개발 5개년계획 실시
국민경제 발전을 위해 5년 단위로 추진한 경제계획

1963
박정희 대통령 취임

1967
제2차 경제개발 5개년 계획 실시

전국경제인연합회 이사 주한 그리스 명예총영사 임명

1968
국민교육헌장 선포
당시 대한민국 교육의 지표를 담은 헌장

제일화재해상보험㈜ 인수

1969
경인에너지개발㈜ 설립

1970
새마을운동 시작
1970년부터 시작한 범국민적 지역사회 개발운동

1972
제3차 경제개발 5개년계획 실시

7·4남북공동성명
남북한 당국이 국토 분단 이후 최초로 통일과 관련하여 합의·발표한 역사적인 공동성명

경인에너지 정유 공장 및 발전소 준공
한국플라스틱공업 설립
한국베어링 주식 공개
그리스 금성십자대훈장

1973
대일유업㈜ (현 빙그레 주식회사) 인수
동원공업㈜ 인수
태평개발㈜
(현 한화개발㈜) 설립

1977
제4차 경제개발 5개년 계획 실시
수출 100억 달러 달성

전국경제인연합회 부회장 취임

1978
자연보호헌장 선포
자연을 보호하기 위한 범국민적 다짐을 밝힌 헌장

1979
1인당 국민소득(GNI) 1만 달러 돌파

10·26사태
중앙정보부 부장 김재규가 대통령 박정희를 살해한 사건

12·12사태
신군부 세력이 군부 내 주도권을 장악하기 위해 일으킨 군사반란

태평양 건설 해외공사 수주
미국 〈포춘〉지 세계 500대 기업에 선정
삼희통운㈜ 설립
대한사격연맹 부회장

서울 지하철 1호선 개통

1974

**유니온포리마㈜
(현 한화폴리드리머㈜) 설립**

1975

**학교법인 천안북일학원
(현 북일고등학교) 설립**

1976

**성도증권㈜ (현 한화증권㈜)
인수
서울프라자호텔 개관**

5·18민주화운동
전라남도 및 광주 시민들이 계엄령 철폐와 전두환 퇴진, 김대중 석방 등을 요구하며 벌인 민주화운동
KBS, 컬러 텔레비전 첫 방영
전두환 대통령 취임

1980

수출 200억 달러 달성

1981

**7월 23일 타계
금탑산업훈장 추서**

《김종희의 기업가 정신》, 전범성, W미디어, 2010

《창업주 DNA서 찾는다》, 아시아경제신문, FKI미디어, 2010